长期主义者的成事心法

李海峰 剑飞 麦风玄 ◎ 主编

台海出版社

图书在版编目（CIP）数据

时间合伙人：长期主义者的成事心法 / 李海峰，剑飞，麦风玄主编 . -- 北京：台海出版社，2024.6
ISBN 978-7-5168-3879-2

Ⅰ . ①时… Ⅱ . ①李… ②剑… ③麦… Ⅲ . ①时间—管理—通俗读物 Ⅳ . ① C935-49

中国国家版本馆 CIP 数据核字（2024）第 112226 号

时间合伙人：长期主义者的成事心法

主　　编：李海峰　剑　飞　麦风玄

出 版 人：薛　原
责任编辑：魏　敏

出版发行：台海出版社
地　　址：北京市东城区景山东街 20 号　邮政编码：100009
电　　话：010-64041652（发行，邮购）
传　　真：010-84045799（总编室）
网　　址：www.taimeng.org.cn/thcbs/default.htm
E－mail：thcbs@126.com

经　　销：全国各地新华书店
印　　刷：三河市新毅彩色印刷有限公司
本书如有破损、缺页、装订错误，请与本社联系调换

开　　本：880 毫米 × 1230 毫米	1/32
字　　数：180 千字	印　　张：7.75
版　　次：2024 年 6 月第 1 版	印　　次：2024 年 6 月第 1 次印刷
书　　号：ISBN 978-7-5168-3879-2	

定　　价：69.80 元

版权所有　　翻印必究

PREFACE 序一

◎ 李海峰

和剑飞见面,加深了我对"时间的朋友"的理解。

我和剑飞第一次见面,聊他的业务升级。剑飞说出他找我的理由:因为十多年前,我就已经在知识付费行业。而现在我还在,所以他要来见我。而我问他现在缺不缺钱,并强烈表达我想投资的愿望,他说:我们可以从小的合作开始。

确实,信任需要时间的累积。

我以为剑飞只是口头说说,但是他真的很快邀请我参加他的复利计划战略峰会。和我见面后,他没有直接带我去会场,而是

去了几个地方，了解深圳各个区域的产业布局，以及深圳未来的发展规划。回顾深圳过去这些年的变化，除了让我感慨十多年前我在深圳买房放弃南山选择罗湖外，更重要的是，剑飞说：有没有想过十年后这里会是什么样子？

是的，现在就是未来的过去。

我们畅想，如果我们在特定场域和1000个优秀的人互动，大概率里面有大成就者。而我们现在可以选择的是，我们和这些人产生了什么关系？仅仅相遇有点可惜，怎样形成某种更深层次的联结才是重点。

没错，投资对方，托举对方。

通过写作寻求同频者，这个我们有共识，剑飞已经出版了7本书。而做合集书，我的经验可能更多，尤其是我们深刻地知道，合集书只是载体，更本质的是怎样打造"同盟"。战略会招募首批轻合伙人，剑飞和我带大家出书。

于是，有了你们面前这本《时间合伙人》。

序 一

我们给这本书起名《时间合伙人》,一方面剑飞语写体系关键词是"时间",另一方面我们这次招募的是"合伙人",还有一层含义是,我们不只是要做"时间的朋友",更要做"时间的合伙人"。

邀请大家一起看我的笔记,认识这些优秀的"时间合伙人"。翻看介绍,觉得特别感兴趣的,可以优先详读。我们在篇章页放上了每个作者的二维码,如果你刚好找到同频者,可以直接扫码进行互动交流。

麦风玄是有两个男孩的妈妈,曾出版独立著作《成长超能力》,合著作品《语写高手》。她认为不断更新、不断超越、不认命是她人生的底色,她分享了成功的三把钥匙:**信念为先、重点规划、坚决执行**。坚持长期语写令她缓解了焦虑,找回了在原生家庭中丢失的自信,收入也大幅提高。她希望每一个小伙伴都能突破自己,成长为更好的样子。

耿显燕是中国科学院督导心理教练、情绪急救 EFS 国际认证

专员、深圳读书会副会长,前国企航司 EAP 项目负责人。她负责过 6000 名员工的心理辅导,培养了 130 名心理专员和 30 位 EAP 心理讲师。她希望未来 10 年,能帮助 1 万名女性获得身心健康。她说,每一位女性,都可以勇敢地突破舒适圈,努力去遇见更好的自己。

侯蕾是三级拆书家、儿童写作课老师、"高质量陪伴"践行者。她分享了自己语写 5 年后,在思考能力上的进步:不管拿到什么话题,都能表达得流畅深入。她说,无论起点如何,如果想锻炼自己的思考和表达能力,语写都是一种有用、有效、可复制的训练过程。她认为语写最大的价值,就是能让你看到大脑中那个隐形的"真实的自己"。

张佳佳是婚姻家事专业律师、婚姻家庭咨询师、国际认证财富管理师。她分享了从政府部门辞职,又考入法院,最后追随内心自由,辞职做律师的职场经历。她不畏琐碎和他人的负能量,坚定地选择婚姻家事领域,帮助越来越多的人在婚姻中重拾对幸福的信心和期待。她说,每个人都是英雄,只要勇于探索、不断尝试、坚持磨炼和行动,终会找到自己的英雄之路。

花椰蔡是语写千万达人，一行教练，中级心理治疗师。她为了找到人生意义，活出自我价值，开始了语写。她在语写的疗愈之路上，语言表达能力、觉察能力、情绪控制能力、解决问题的能力和复盘能力，都有了显著提高。她说："语写就是我的树洞，独属于我一个人的树洞。"

明韬是时间记录践行者，商务智能咨询顾问，曾出版合著《语写高手》。他为读者们总结了让生活简单扎实的原则、信念与方法：没有记录就没有发生、长期思维与复利效应、把力所能及的事做到极致。他说，大象不走兔径，获得自在的有效途径，就是遵循那些简单而扎实的基本原则。把这些原则应用到生活中，就会改变自己的人生。

覃丽冰（明悦）是国家二级心理咨询师、"明悦心理"自媒体IP主创、书籍《人人都应掌握的日常生活心理学》作者。她通过自己的经历，告诉读者："我"是一切的根源，"我"在变，一切都会跟着改变。她深信长期主义，认为长期主义和人生规划是实现梦想的关键，因此在心理咨询上，她也会帮助人们制定长期目标和规划，也见证了很多人的成长和变化。

小奇 是《语写高手》和《时间值得统计》合著作者，40 岁裸辞到深圳创业，用 5 年时间语写 1 亿字。她分享了语写对她人生规划的助力。她说，语写的整个过程，有一个很重要的作用，就是让我清晰地看见了自己，构建起了自信和对自我的积极肯定。她认为，在语写里找到自己，拥有自信和勇气，对未来的思考就会越来越清晰。

JOY 是个人成长教练、生命教练，也是语写与时间记录的长期实践者。她认为语写是她人生路上的新伙伴，不仅带给她更多思考，也帮她复盘教练学习。她已累计语写 1000 万字以上，在这个过程中，她表达了很多情绪、进行了很多梳理和整合，有了目标感，对生活也有了更多观察和觉察。她说，通过语写和时间记录，她开启了和时间做朋友的旅程。

Rox 是能量调频咨询师，身心灵成长践行者，前 500 强企业人力资源行业从业者。她结合自己的亲身经历，分享了怎么选择工作、怎么生活更有成就感。通过语写，她觉察到内在的冲突，在迷茫中找到了答案：看看自己能为这个世界做多大的贡献。她说，每件事情都有正面的意义；当一个人通畅了，这个人的世界就通畅了。

能量姐白菜是 CFP 国际金融理财师、高级财富管理师，坚持语写 1000 多天。她每天充满快乐和激情，用正能量感染着身边的人。她说，凡事都需要一定的时间，只要开始写，就会慢慢有收获。她用自己的亲身经历验证，一旦思维发生改变，成长就是看得见的。她还帮助无数小伙伴走出职场困境，找到新的希望。她相信，改变自己是解决一切问题的关键。

李琳艳（淼勤）是一位国学老师，使用时间记录 7 年多，语写 300 多万字。通过坚持时间记录和语写，她可以很快调取深层记忆，清晰回忆起很多事情；看清了自己的时间结构，能够更加有意识地调整时间分配。她说，巨大的转变不是突然出现的，而是一日复一日地做成小事，积累到足够的时间，自然显现出来的。

胡奎是微软 MOS 国际认证大师、PPT 高级定制设计师，曾出版专著《高效办公 Office 教程：让你从此不加班》、合著《语写高手》。他利用语写，实现了 21 天完成一整部书稿及线上课程开发，生活平衡，幸福喜乐。他为读者们分享了一套行动方法论、六条成长心法，帮助读者打造成长飞轮。他呼吁读者马上行动起来，在行动中思考、调整、提升！

刘小可是机器人公司总助、个人成长教练、房树人绘画解读师。她有着丰富的职业经历：毕业6年，搬过8次家，辗转6个城市，在两家公司做过10种工作。一路以来的感受和成长，都被她用语写记录了下来。当回过头看当初写下的记录，她感慨：一路走来，原来自己已经很棒了。她告诉自己，也告诉读者：放松些，你值得拥有一切。

芃凡是语音写作、阅读践行者，创意表达性艺术疗愈师，国际多元智能教育规划师。她用语写觉察自己的生活、觉察亲子关系。通过日常生活的分享，让读者看到如何把语写应用到实际生活中，切实起到帮助作用，全面提升幸福感。她说，语写可以带你发泄情绪，挖掘你内在看不见的地方。

冯淑清是"清清邐在"公众号主理人、终身每日成长践行者，是追求平静、平衡、平和、平常心的喜悦家。当妈妈后，她觉得自己失去了对时间的掌控感，于是她用时间记录寻找"遗失的时间"，用语写描绘人生规划，一点一点靠近自己的目标。她说，凡是走过的路，每一步都算数。她要秉持长期主义，按照自己的规划，坚定且持续地努力下去。

邵毅力是北京市观韬（济南）律师事务所律师、德邦保险代理有限公司联合创始人、首席家族财富顾问（CFWA）。她分别从高度、深度、宽度、温度四个维度，分享了自己过去的经历和对未来的规划。她说，只要存正念、存善念、有追求，别人认同与否，可做参考，但无须被指导。在职业人生的后半段，她要肯定自己、拥抱自己、做回自己，实现自由。

王璐是语写百万践行者、空姐，小红书博主"会飞的璐璐"，曾获得"好讲师大赛"深圳冠军。她用语写详细记录了自己在分娩过程中的种种感受，记录下了宫缩时的自我鼓励，也记录下了与宝宝、丈夫的幸福互动。她向读者展示了，语写可以帮助我们在任何时间、任何地点，便捷地记录下当时的感受，将美好回忆保存下来。

武小茉是语写践行者、拆书帮三级拆书家、微习惯爱好者。通过参加语写训练营，她培养了每天语写1万字的习惯，她谈到自己的感悟：比起学知识，更重要的是应用；榜样和环境都很重要；设定目标，去做就行。她也分享了自己的收获：变得积极主动，心态更加开放，看到了自己的思维模式，改善了情绪，愿意制定目标并分步达成。她告诉读者，如果一件事情确定要做，现在就

是开始的时候。

颖欣是不走寻常路的国企党务工作者、未来的传记作家、两岁女孩的妈妈。她将长期主义用在经营自己的婚姻上，获得了幸福的家庭。她说，**语写是她产假期间的隐形心理咨询师，也帮她平稳回到职场**。语写把她从复杂的情绪中解救出来，让她成为柔和坚定的人。当她成为更好的自己，自然也更有能力建立好的亲密关系。她说，**好的关系一定是相互吸引的**。

政丹是乐卡西品牌合伙人、民用/商用热水解决方案设计师。她分享了自我成长的每日五件套：**跑步 5 千米、语写 3 万字、正向觉察日记、时间记录、阅读**。通过累计 800 万字的语写，她说自己收获了自洽，学会了接纳自己，与自己和解，情绪开始稳定，思维方式改变了，对人生规划有了更多思考。她希望能跟大家共同成长，成为更加自信的人。

钟小娟是有 24 年经验的医院药师、亲子教育心理指导师、玫琳凯美容顾问。她已经坚持语音写作一年多，她分享了语音写作技能带给她的价值：**表达能力的提升、负面情绪的减少、专注力的提升、新习惯的养成、综合能力的提升**。她说，语音写作可以

序 一

延长生命长度,拓展生命厚度,可以让我们更好地感悟有限的人生。

这22位时间合伙人,带来22个不同的人生故事。他们记录了时间,记录了生命,记录了突破与成长。此刻,他们邀请你一起加入时间合伙人,用语写这一工具,共创时间这部伟大的作品。

在语写中,你将更加深刻地认识自己,更加睿智地应对问题,更加合理地规划未来。当你坚持语写,你会发现,它既是帮你平复情绪,重获喜悦的心理咨询师,也是记录你生活的"全息行车记录仪",更是助力你职场发展的不二利器。

开始一件事,最好的时间就是现在。让我们通过时间记录,一起实现时间增值,创造时间价值,留下时间作品,享受时间复利。勇敢尝试吧,相信你能成长为更好的样子,相信未来一定会更好。

PREFACE 序二

◎ 剑飞

2012年，我开始以兴趣爱好为出发点练习写作，最开始只是想提高自己记笔记的速度，逐渐发展成一套语写体系。从一个人自律，到带领一群人成长；从练习写作，到表达能力提升，再到出版人生第一本书，再到持续出版超过7本书，未来还有一系列新书还在创作过程中，这些都是语写训练给我带来的。语写从一个人开始探索到现在，已经有12年的时间。

2013年，我开始进行时间记录，把每天什么时间做了什么事情都记录下来。通过记录自己的时间来反映行为。2014年，我写了一篇文章叫作《个人大数据时代的到来》，通过不断地收集自己生活中的一些数据，用数据反馈哪里做得好，哪里做得不好，如

何进步,以及通过什么方式可以让自己变得更好。直到2018年,我才正式开始把时间记录做成一项时间服务的业务,出版了《时间记录:数据反映行为,行为改变数据》,开发了时间统计App,到目前为止,已经在时间记录、更新迭代时间统计体系上耕耘了11年。

2015年,我开始公开分享并实践人生规划,在人生规划分享上,有一个话题就是"2100年计划",也就是说在2100年之前到底想做什么事情,怎么做,做哪些准备?过去几年,我针对2100年计划,做了大量的准备工作,陆陆续续投入大量的时间和精力,通过看人物传记、找资料、实地调研等多种方式,探索人生如何才能更好地规划,人生规划项目已经持续了近10年。

2016~2017年,我继续以兴趣爱好为出发点进行写作上的训练,一直到突破了1000万字。2018年,通过柱子哥认识鲆叔,出版了人生第一本书《极速写作:怎样一天写10万字》。这本书出版之前,如果我们提到一天写10万字,很多人会觉得很难,但是之后统计一天写了10万字以上的人数,已经有几千人。写作不是为了凑字数,而是为了综合训练自己的思维,思维上突破后,要完成某件事就不会太难了。

第一本书正式出版之前,我就已经出来创业了。在作为兴趣爱好探索了六七年之后,开始陆陆续续有人来问,所以我做了一个业务,专门辅导人们通过说话的方式进行写作,通过写作来训练自己的思维,提高表达能力,不断精进,改善自己的行为,锻炼自己的自律能力。这项业务叫作语写服务,到现在一直做了 6 年多。语写服务目前的配套服务有系统化的训练营、语写 App、《语音写作:1 小时 1 万字》的书籍载体。

创业 3 年之后,我把在创业过程辅导学员的方式,系统地总结出的写作体系,写成了一本书,出版了《语音写作:1 小时 1 万字》,并且之后开发了语写 App,影响了上万人。从开始的兴趣爱好变成现在的一条业务线,很多人因此得到帮助,生活有了改变,并且一起加入了我的创业阵营。

从 2013 年开始进行时间记录,一直到 2021 年,我写了一本关于时间记录的书。在记录满 10 年之际,我把时间体系进行延伸,出版了跟时间相关的书,有《时间增值:用有限创造无限》《时间价值:积极主动地创造》《时间作品:创造作品,穿越时空》《时间复利:将简单重复到极致》,这几本书都是我对时间的理解,在长时间轴上保持工作生活的平衡,不断地让自己的时间增值,创建

时间价值,创造时间作品,享受时间复利。

由于在过去10多年不断地保持阅读,加上持续写作,以及后续不断地有人找我,问怎样才能快速并系统化地进行写作和阅读,剑飞阅读服务也因此而诞生。在提供阅读服务的过程当中,主要目的是锻炼大家的自主阅读能力,保持每天阅读的习惯,持续不断地将阅读的知识转化成实际行动,可以真正地从书中读出一些改变自己行为的方式。每个人在人生的每个阶段会有不同的困难和问题,通过阅读可以解决随人生每个阶段的不同的问题。

从2010年开始,我就持续记账,把每天的收入和支出记录下来,记账的习惯也随着时间的推移持续了十几年,这样就会知道日常生活当中到底哪些地方会花钱,哪些地方花了多少钱,然后不断地去改善。后续也有人来问我,怎样才能持续地记账,于是记账服务也因此而诞生。

剑飞记账体系还开发了专门的App,部分功能如下:

1. 增加记账的类别;
2. 增加备注的自动联想功能;

3. 更新财富价值模块；

4. 财富价值可以添加收入；

5. 添加年工作时长；

6. 优化设置预期总资产；

7. 增加财富目标达成日期；

8. 增加资产初始日期；

9. 设置资产初始值；

10. 优化计算当前净资产公式；

11. 更新预期年利率自定义；

12. 增加预期增值的现值与终值；

13. 自动计算目前资产；

14. "年预期"增加了年龄；

15. 增加数据收入支出环形图；

16. 优化切换环形图与表格；

17. 收入支出可以查询 100 岁之前的数值；

18. 增加周期账记录功能；

19. 增加显示终值变化按钮；

20. 增加未登录数据合并；

21. 自定义收入标签；

22. 自定义支出标签；

22. 增加年、月、周、日等收入与支出视图；

23. 增加自定义区间收入与支出图。

从 2018 年出版第一本书，再到 2023 年我的第七本书的出版，以及 2024 年帮助用户持续出版，也会有人来问到底怎样才能出版一本书，想了解出书的流程，于是出书服务因此而诞生。我还专门设计和开发了剑飞出书 App，能够让作者在一秒钟之内就快速进入写作状态。

剑飞出书 App 部分功能如下：

1. 快速调整章节；

2. 封面能变换颜色，区分不同书籍；

3. 正文中添加三个"#"可以设置三级目录；

4. 正文卡片模式可以随意调整段落位置；

5. 章节目录通过长按可以调整顺序；

6. 章节目录向左滑动可以删除和重命名；

7. 自动统计段落和正文字数；

8. 高级会员自动分析文章词频；

9. 自动记录写书的创作时间；

10. 设置出书时间可以倒推每天需要写多少字；

11. 写书字数未达到预期会显示红色；

12. "专注书写"模式可以在打开 App 时进入上一次创作状态；

13. 自由卡片可以随时记录任何灵感；

14. 段落能够从一本书移动到另一本书；

15. 误删的章节可以进行恢复；

16. 一键对章节进行倒序排序；

17. 增加了"简介"模块；

18. 增加了"前言"模块；

19. 作者可以对段落进行美化；

20. "历史版本"可以找到本地历史和云端历史；

21. 卡片多的情况下可以使用"收起卡片"提高效率；

22. 优化了卡片写作的流畅度；

23. 文档视图和卡片视图一键切换；

24. 优化了图片素材上传功能；

25. 优化了整个章节移动的逻辑；

26. 优化了首页书籍的排序逻辑；

27. 新建图书有 21 种颜色选择；

28. 可以展开和收起写作时间。

到目前为止,我们有了语写体系、时间体系、人生规划体系、剑飞记账体系、阅读体系、剑飞出书体系。每一个体系都配套了相应的App,以便于更好地服务大家。希望能有更多的人,在真正地实践了这套体系之后,也加入进来,一起帮助更多的人。

CONTENTS 目录

● 麦风玄
行就行，不行就不行　　　　　　　　　　　　　　　002

● 耿显燕
从空姐到心理公司创始人，哈佛妈妈用奋斗诠释满腔热爱　012

● 侯蕾
用语写锻炼思考能力，看见"最真实的自己"　　　　　022

● 张佳佳
一个婚姻律师的英雄之路　　　　　　　　　　　　　032

- 花椰蔡
  遇见你，余生都是你　　　　　　　　　　040

- 明韬
  大象不走兔径　　　　　　　　　　　　　050

- 覃丽冰
  一个十多年心理咨询师的长期主义　　　　062

- 小奇
  刻意练习，规划人生　　　　　　　　　　072

- JOY
  和时间做朋友　　　　　　　　　　　　　082

- Rox
  面对自我，创造新我　　　　　　　　　　102

- 能量姐白菜
  自我修炼手册　　　　　　　　　　　　　112

目 录

● 李琳艳
时间记录与我偕行 120

● 胡奎
一套行动方法论 + 六条成长心法,打造成长飞轮 128

● 刘小可
放松些,你值得拥有一切 136

● 芇凡
语写映照出人生轨迹 146

● 冯淑清
长期主义视角为新晋宝妈开辟新路径 154

● 邵毅力
四维人生的规划和成长 162

● 王璐
分娩中的语写,用文字定格珍贵的每一刻 174

- 武小茉
  语写的五个收获　　　　　　　　　　　　　186

- 颖欣
  用心爱一个人，也是一种长期主义　　　　196

- 政丹
  自我成长的每日五件套　　　　　　　　　204

- 钟小娟
  语音写作技能带给我的价值　　　　　　　216

时间合伙人

> 打破信念是自我成长的过程,它让你跨越内心的障碍。

麦风玄

- 《成长超能力》作者
- 《语写高手》合著作者
- 两个男孩的妈妈

行就行，不行就不行

> 不断更新，不断超越，不认命将是我人生的底色

为什么我从之前没有那么迫切想要出书，到后面坚决去做，这里涉及的第一把金钥匙，就是信念为先。一方面是想要在孕期做点不一样的事，另一方面想着不就是花 100 天的时间嘛。完成一本书的秘诀，最重要的是打破自己的信念，从我不行，我不敢，有点害怕或者纠结到底行不行，到给自己一个确认键，说"我可以做到"。

打破信念是自我成长的过程，它让你能够跨越内心的障碍。

2016 年 11 月 1 日，我开始语写，我爱人总是和我说：你可以尝试写起来。过了两年多我才真正行动。人对自己没有做过的事天然会紧张和胆怯，还带有怀疑的态度，这其实是一个成长的契机。我们在为什么事情纠结，表明我们对这件事情是十分看重的。如果你对一件事情没有把握或是不看重，连担心、行不行这些念头都没有，是因为你的大脑深知这件事情与你无关，也不会去想。所以下一次大家也可以多去想想，如果你对一件事情抱有一些想法，哪怕觉得有一点点不想做，或者是对这件事情总是有些摇摆不定，要告诉自己这件事情对自己确实很重要，因为你在乎它，但因为现在的能力，主观意识上觉得做不到，会有一些担心，这非常正常，而最主要的目标是促行动。

不断给自己确认键，不断练习从担心、纠结到"我可以"的信念。在空白页中有个黑点，有人就揪着黑点，但有的人会看到一大片空白。当你一直纠结于黑点，生命就无法扩展得更远，一旦不局限黑点，一大片空白的点任由你去创造和探索。在刚开始语写时，我也是非常纠结，到底是否能够完成一天一万字，一百天写一百万字，自己到底行不行？后来我转变思想，不去纠结到底能不能完成，而是在做的过程中去寻找答案，不再原地"躺平"。当我转变了思维，整个人的行动力也变得更强。

第二把金钥匙是重点规划。不知道大家有没有觉得我们虽然每天都很忙碌，但当夜深人静时回想一下，好像忙忙碌碌，到底做了什么事情，自己也不是特别清楚。因为没有产生结果，有时

候我们对自己的生活会产生怀疑,忙碌到底是为了什么?这个时候就要进行重点规划,每个阶段应该做什么事情,先捋出大纲,每天抽出多少时间干同样一件事情要做到心里有数。在孕早期写书,我给自己每天规划的是两小时写书时间,包括查找资料。哪怕当天没有太多的灵感,我都会安排出两小时专门做这一件事,坐在书桌前发呆也好,任务就这一个。有一次确实不知道写什么,我就在纸上乱画圈圈,头脑自动蹦出一些关键词,顺着关键词,我拟好了一个章节的标题。当我们规划了这两小时,多多少少的产出都是会有的。当我们以此为重心不断引导着往正向的轨道去发展,每天一步一个脚印,慢慢就能完成整个大结构。

第三把金钥匙是坚决执行。《肖申克的救赎》中有一句经典台词:不要忘了,这个世界上能穿透一切高墙的东西,就在我们的内心深处。

要让自己的心瞄准这三个核心,就要做到"三不"。

不讲理由

既然已经定了目标,那就死死地盯着目标往前走,哪怕遇到困难与挫折,也要想尽办法克服。以前我做不到某件事情会找这个理由那个借口，现在慢慢收起自己的嘴巴，往前看向目标，问自己到底是不是真的要完成，如果要完成该如何完成，找到解决办法更重要。

心理学上有个"过道原理"，讲的是过道里有一盏灯，那盏灯是声控的，你不往前走，灯永远不会亮。人生亦是如此，所以我们不要退缩、恐惧，不要沉湎于过去，该翻篇的就翻篇，该放下的就放下。

不打折扣

我记得曾用过一本台历，每一天日记写完了多少字，总计多少字，我会记录在日历上，视觉的冲击会不断地反馈给大脑。如果我总共需要完成 10 万字，那么有没有在预定的时间内完成那么多字就很清晰。有时候我们的大脑会懒惰，当它看到了视觉呈现之后，对立即行动还是直接"躺平"，会有一个直观的选择。无论怎样都要让目标视觉化，完成概率会更高。

不被诱惑

我们很容易走着走着就被很多的东西吸引，注意力偏离了原来的方向。说实话，我是一个做事只有三分钟热度的人，刚开始时我都非常有冲劲，但后来都不了了之了。剑飞老师在整理相册的过程中，也发现了我的这个毛病。但我觉得这样也有一些好处，就是你能够快速地知道，到底这件事情对你是不是真的有用，如果足够有用或是自己特别想要去完成，最后也能够顺利地完成。现在我会采取锁定七十二小时原则，用短平快的战略方式，把大部分的重头任务给完成。后期可以做得轻松一些，享受时间复利，这样事情能够做成，我也不会把自己做事情的热情高涨变成一个短板，而是把它变成优势。

对于做事只有三分钟热度的人来说，做事情要定准原则，要么践行七十二小时原则，要么找一个可以互补的人，或者是团队，才能够把事情做成。对自我的认知高了一步，完成事情的力度也会更大。

截止2021年，剑飞老师出版了3本书，到了2024年已经出版了7本书。而我从2021年生了一个孩子，到2024年生了二胎，也出版了《语写高手》和《成长超能力》。但其实我想说，作为剑飞老师的妻子，同时也是语写的一分子，我没有像他一样取得这么骄人的成绩，但对于我来说，语写也是千金难买，像镜子一样出现在我的生命中，它具有力量，引领着我。

我是一个潮汕女孩，很多人对潮汕女孩的印象就是在家相夫教子，上得了厅堂下得了厨房，可我的内心偏偏有一个稍微叛逆的自己。但就是这样一个充满个性的我，不知道为什么每一次当有舞台出现的时候，第一选择就是后退、拒绝，而像这样的机会，我不知道在过往30多年中我错失了多少次。我一直找不到原因，我的不自信、胆怯从哪里来的？我甚至主动去上一些课程，尝试去找它的源头。

直到有一天，当我在语写，自己跟自己对话当中，我找到了那个答案，说着说着，突然之间流泪了。我知道我的不自信跟小时候的经历有关。

我是家里的老二，上面有个哥哥，下面有个妹妹，小时候在家里就是被忽略的那个。我的妈妈是一个批判性非常强的人，记得有一段时间，我哥哥躲在楼上看武侠小说，看得太痴迷往往都忘记吃饭、睡觉，学习成绩也大幅下滑。妈妈把我们三个一起批评：养你们三个人都不如别人家一个！妈妈否定的话语在我心里扎了根，想要逃离却无力挣扎。在这个家里，我找不到自己的价值感。

我不知道妈妈意味着什么，我从来没有获得过她的一个拥抱。

但说着说着我突然间理解了妈妈,作为一个潮汕女人,她希望她的孩子是优秀的,尤其是女儿,她希望我可以像传统的潮汕女孩一样上得了厅堂下得了厨房,同时在学识上有更多增长,希望我出人头地。那一刻,我释怀了,紧绷的心也放松了。

我在语写当中不断看见和疗愈自己的时刻还有很多。比如2016年,当时我想要进行职业转型,但又觉得自己好像没有其他的技能和能力,生活过得特别焦虑。后来我每天坐在只有两平方米的阳台的椅子上,通过不断问自己,你到底喜欢什么?为什么?当下能够做什么?剖析自己不喜欢,以及比较喜欢的领域和方向,边学习边实践,最后接了项目,获得了收入从四位数到五位数的回报。如果没有3个月每天通过语写和自己对话了100万字,为自己做大量的心理建设,澄清自己内心所渴望的目标,我不可能做到。

我想,如果没有语写,没有自己跟自己的对话,我没有办法看到不自信的源头,也看不到自己想要向上突破的心。通过语写,我跟自己和解了,和父母和解了,同时会在生活中随口称赞公公婆婆,会提醒自己和父母多视频聊聊天。如果生伴侣的气,我会写下来,把文字发给对方看,对方就会立刻积极主动过来"灭火",做到生气不隔夜。

写作,是没有声音的万人演讲;语写,是有声音的朋友对话。

语写让我收获了一个全新的自己,让我看到更真实的自己。希望在语写的世界当中,它也可以像镜子一样照亮你。

最后,我想对也许和曾经的我一样不自信的小伙伴说:亲爱的,我看见你了,我看见胆小的你,我看见紧张的你,我看见想要突破的你,我允许你目前还没有成长为更好的样子,但我相信未来一定会更好,因为我已经看见了。加油,行(行动)就行,不行(行动)就不行!

幸运，往往会眷顾那些愿意坚持、不轻言放弃的人。

时间合伙人

耿显燕

- 中国科学院督导心理教练
- 情绪急救 EFS 国际认证专员
- 深圳读书会副会长
- 前国企航司 EAP 项目负责人

从空姐到心理公司创始人，哈佛妈妈用奋斗诠释满腔热爱

32 年的南航职场，从空中到地面，我始终保持热爱。对于我选择提前退休，很多人都觉得特别可惜，也有很多朋友对于 50 岁的我从头开始创业更是不解，是时候跟大家说说我的心里话了。

我叫耿显燕，周围人喜欢亲切地叫我耿姐。18 岁飞上蓝天，32 年的航空经历让我收获了无数荣耀。20 多年的空中飞行，我从一名空姐到一名空中乘务专家，并获得"全国巾帼服务标兵"的荣誉称号。10 年的心理服务，我从一名心理"小白"到 6000 名员工的心理负责人。作为曾经的南航工会优秀女工干部，我成功帮助 2000 人走出心理困惑，成为一名专业的心理关爱工作者。2022 年，我放弃可能的晋升，告别 32 年的职场，提前退休，成

立"燕语健康"工作室,开启了人生下半场的创业之旅!

一

18岁那年,我在报纸上偶然看到一则招聘空姐的消息,从此心里种下了一颗小小的种子。一个风雨交加的日子,我和姐姐舟车劳顿,辗转了3趟公交车,带着梦想,来到空姐报考点,却被告知当天报名已经截止。被泼了一头冷水的我,没有动摇和放弃,经过反复地沟通和恳求,终于说服工作人员,塞给我们一张面试号码条,答应我们第二天可以继续参加应聘。

回家的路上,我兴奋地和姐姐说:"太好了!我们明天一定要更早出发!"谁知姐姐却告诉我,竞争这么激烈,感觉太难,她不去了。一时之间,我不知道何去何从:"怎么办,现在只有我一个人了,去还是不去呢?"就在我犹豫不决的时候,我张开紧握的拳头,看着手心里已经被攥得褶皱的面试号码条,突然,我的心里出现了一个强烈的声音:"不试怎么知道不行呢?不能就这么放弃!"

于是,我决定放手一搏。第二天一早,我准时出现在招聘现场,经历了重重选拔,终于闯到了最后一关。但是,由于竞争实在是太激烈了，我还是遗憾落选。我本以为，这次落选，我和民航事业就擦肩而过了。可没想到，3个月后，我突然接到了民航第26飞行大队招乘的录取通知书，这次招乘的录取比例真的是名副其实的"千里挑一"。

这次失而复得的经历，让我正式成为一名空姐，也让我明白，**幸运，往往会眷顾那些愿意坚持、不轻言放弃的人。**

二

加入民航工作不久，我就与从广州来武汉飞行的丈夫相识相恋，半年后他返回广州，而我则留在武汉，我们开始了3年的异地恋。1992年，作为深圳的第一家基地航空公司，中国南方航空深圳分公司正式成立。新公司正是用人之际，于是我们先后申请来深圳工作。1994年，我们终于团聚在深圳，很快于1995年结婚，并于1997年迎来了我们的女儿。出于对自己职业的热爱，我们决定将对蓝天白云的向往，嵌入女儿的名字中，为她取名朱云婷。

如何平衡好家庭与事业，在孩子的到来后，成了我和爱人时常需要面对的课题。一般孩子的寒暑假，也恰恰都是航空公司的工作高峰期，这对于我们家这样的"双飞家庭"，就是爸爸妈妈都是从事飞行行业的职工家庭来说，是更加具有挑战的。我们总说，我们的工作是让更多的人在除夕之夜与亲人团聚，是将更多的亲人和恋人送往彼此的身边，却不得不伴随着这么多年来都不能与我们的父母在老家一起过年的艰辛。工作的性质，也避免不了孩子成长过程中我们作为父母的"缺席"。好在孩子非常懂事，而我和爱人的父母们也都非常支持我们的工作。我们只能在完成工作之余，尽可能多地与孩子和双方父母联系。只要是休息时间，不论前一天是几点落地回家的，我们第二天早上一定早起陪伴孩子上学，珍惜所有能够与她交流的时间，关心她的情绪和想法。从女儿 6 岁开始练习羽毛球，我和孩子爸爸只要休息，就会亲自接送，甚至我们也一起从零开始学习这项运动，与孩子一同成长，陪伴她也鼓励她参加比赛，并勇于面对失败，从头再来。我想，就是这样润物细无声式的点滴陪伴，不仅仅磨炼出了孩子的优秀品质，也让我们的亲子关系中永远有一个沟通枢纽在。

三

然而，生活不可能总是一帆风顺。2012 年，我和同事打羽毛球时，不小心被击中右眼，瞬间我的眼前漆黑一片。经过反复地检查、手术、会诊、用药，依然没有办法改变造成永久伤害的事实。在经历了半年的恢复期，接受空勤人员年度大体检时，航医拿着病历对我说："你以后都没办法飞了……"

那一瞬间，好像一道晴天霹雳突然向我袭来，飞行 20 多年，我深深地爱着这片蓝天，恋着这个充满挑战的职业。平平安安地飞到退休那一刻一直是我的梦想，难道，我从此与飞行再也无缘了吗？！

老天没有再次眷顾我，这次眼睛受伤，彻底断送了我的飞行生涯，需要重新调整岗位。

对于我转岗的调整，我的女儿一开始非常高兴。由于常年执行飞行任务，母女相聚的时间非常有限。不过细心、聪明的她，似乎很快就捕捉到了我内心流露的不舍。"曾经无数次抱怨妈妈的休息时间太少，无数次抱怨学校的家长会妈妈的缺席，因为这些也无数次地产生过想让妈妈停飞的想法。但是当得知妈妈真的被宣告停飞时，又条件反射般地想要将妈妈的登机牌偷偷藏起来，这样妈妈就可以不用停飞了……"当我在女儿的微博上看到她吐露了自己内心的想法的时候，我泪流满面，我想我对自己职业的热爱和奉献，孩子一定都从我和他爸爸的言传身教中感受到了。

我还没有从停飞的沮丧中走出来，就收到了公司的任命通知：转去勤务部门。这对于一个 20 多年来只会飞行，只会客舱服务的我来说，的确是太有挑战了：从管理空姐到管理机上的清洁大姐，从管理空少到管理特种车司机大佬，还有各种安全服务考核和上千万元的成本支出。我的心里也打起了退堂鼓：作为一个对这些业务不熟悉的门外汉，我能行吗？有很多员工的年纪比我还大，我能带好这支队伍吗？

就在我想要退缩和放弃时，作为飞行员的爱人鼓励我说："我知道这对于你来说很困难，但我相信你，你不试试怎么知道自己不行呢？"

于是，在爱人的鼓励下，我满怀信心地走上了新的工作岗位。到任后的第一天，我组织大家开会，并且把我的工作理念说给大家听："我希望每个人在这里都可以充分发挥自己的能力，每个人的付出和心血都可以被大家看见！"

在我和团队的共同努力下，我们的进步得到了公司上上下下的一致认可。我也有幸被公司提拔为公司女职工负责人。

这段经历让我明白，只要你保持乐观、积极向上，幸运的天平总会向你倾斜。岗位没有贵贱之分，努力的人，总能焕发自己的光彩。

四

一次偶然的机会，我参加了公司的心理学培训。那次课程，让我看到了自己内心更加柔软的部分。我突然意识到，如果我学习更多的心理学知识，那我就不只是一位工作能力强的领导，而且还可以变成大家更加知心、温暖的耿姐。

于是，我开始潜心研究和学习心理学，并且应用在自己的工作领域，也取得了累累硕果：被公司破格提拔为6000名员工的心理负责人，将自己受益的心理学引进公司，培养了130名心理专员和30位EAP心理讲师，3年期间带领心理团队，服务时长高达600多小时，成功帮助2000位员工。我带领公司心理关爱团队，保障了飞行员、空姐在平均一年200多天的居家休息中，没有发生一起因心理问题造成的危机事件。

这些年来，我获得了无数荣誉和受助人的真诚感谢，但我知道，这些荣誉都会随着时间的推移成为过去。我开始思索，人生下半场的路，应该何去何从？

还记得女儿曾问我，如何选择自己的职业，我告诉她："孩子，我们每个人的人生都是有无限可能的，你想要什么样精彩的人生，你就大胆地朝着目标去努力。"

2019年5月，我和爱人一起参加了女儿的大学毕业典礼。那时的我们骄傲地看着女儿选择了自己理想的职业，成为一名教师。站在查尔斯河畔，我和爱人相视一笑，这些年我们努力弥补生活中的缺席，给了孩子精神的富足，以及无条件的爱和勇气，这大概就是我们送给女儿的最好的礼物。看着女儿与同学们庆祝毕业的场景，我们也倍感骄傲，甚至戏称，下一次女儿可以带我们去河对岸的哈佛校园，见证哈佛的毕业典礼。

2022年3月，我放弃了晋升的机会，毅然选择提前退休。彼时还在执行任务的爱人，与远在大洋彼岸求学的孩子，在线上云相聚，组织亲朋好友同我庆祝我在南航职业生涯的圆满毕业。5月20日，我冒着未知的风险，只身飞抵美国，参加女儿在哈佛的毕业典礼，历时5个月跟女儿在美国游学，之后和女儿一起回国。回国后我用1个月的时间筹备创立了"燕语健康"工作室。

我希望在未来10年，成功帮助1万名女性获得身心的健康，让她们过上更加喜悦的生活。因为我深知，女性在这个时代，承担的角色很多：妈妈、妻子、女儿……看着身边的同事和闺密们，一路走过来，在家庭和工作中挣扎，同为女人，我深深地知道她们的心酸和不易。所以，我想通过自己的力量，与一群勇于成长的女性同行，彼此陪伴，相互赋能，影响更多的女性朋友，活出自己的精彩。

2023年，我加入福布斯环球联盟女性创业家的行列；2024年作为深圳读书会副会长的我，非常荣幸获得中央电视台《中国力量》的访谈，宣扬50多位女性再创业的勇气，彰显女性力量。我深深地相信，**每一位女性，都可以勇敢突破舒适圈，努力遇见更好的自己！**

> 语写，让锻炼思考能力成为可能。

时间合伙人

侯蕾

- 三级拆书家
- 儿童写作课老师
- "高质量陪伴"践行者

用语写锻炼思考能力，看见"最真实的自己"

语写，是一门写作课吗？

初逢语写，我以为这是一门学写作的课程。

于是脑子里不可自抑地冒出一连串的质疑：说出来的话能有那么高的品质吗？口语和书面语能一样吗？写作是缜密思考后的谨慎输出，难道真的有人能做到张口就来吗？

剑飞告诉我：这不是一门学写作的课，而是一门练思维的课。

搜一下坊间的思维训练课，几乎都是针对儿童的：要么是数学课（偏奥数），要么是语言课（侧重表达的逻辑），我一个30多岁的"老阿姨"……还来得及吗？

我的语写之旅就是在这种将信将疑之中开始的。

5年多的时间转瞬即逝，如今，当有人问及："这个课程真能练写作吗？"我会告诉他：语写，锻炼的首先是思考的能力，其次才是写作的能力。

作为一个"本科+研究生"学了6年新闻、在校期间一直参加辩论、做演讲、做主持的"资深话痨"，我比身边的大多数人更知道会写作的好处。在校期间，我三分之一的学费是通过写作赚出来的：报社电视台实习的工资、参加各种比赛活动的奖金、课余投稿接任务的稿酬……也曾经因为一篇文章被推荐参与中央电视台的奥运主持人选拔（虽然铩羽而归）。

即便如此，在语写的这5年里，我依然无比真切地感受到了语写对思维的挑战和锻炼。

语写，让锻炼思考能力成为可能

每个人都知道"思考能力很重要"，但这很重要的思考能力该怎么锻炼，却鲜少有人能说清楚。

如果你要练写字，一个字一个字地写起来，坚持一年半载总能看见点成效；如果你要练钢琴，每天两个小时练下去，三五个月也能看出点不同；如果你要练开车，在驾校"泡"一个月，松离合、踩油门、把好方向盘，上路的"手感"很快也就有了。

可是要练"思考"……就算你每天拿出一个小时坐在那里"想"，恐怕没几分钟就开始走神了（尝试过冥想的伙伴对此应该有丰富的体验）。更难的是，我们怎么知道我们的思考能力练得怎么样？标准是什么？如何显性化？由谁来判断？

练习思考能力，实在是个暗箱操作的过程，别说旁人，我自己都拿不准。

但是，语写做到了。

思考是发生在大脑内的过程，看不见摸不着，但可以通过文字来显性化。要思考10分钟很难做到，但不间断开口说话10分钟，没有思考做支持是无论如何做不到的，如果走神也马上就能被看出来。

每天一万字，说出来的内容是什么且不论，你的脑子一定是在思考的；每天一小时，无论你说了多少，一定是在思考的。 就像跑步，别管速度快还是慢，跑的路线是长是短，是跨越了马拉松的规定线路还是在跑步机上原地打转，"跑"这个动作都是有效的。

语写，每天一万字里的成果和技能

如果你还要问：也不能只空练思考能力，总要看出点成果吧？这就是另一重要求了——刚好，语写也能实现。

开口对着手机说话，看似简单，试过之后才知道难度还挺大的。

首先是内容：说什么？ "什么也能说"是没错，但一定要选点什么来说——给定主题发言看似有局限，实际上给了明确的抓手；而不做限制的"随便"反而更考验大脑快速寻找、分辨、抓取信息的能力。这个过程中，一个人的价值观、潜在信念、情感偏好都一览无余。

其次是方式：怎么说？ 精准表达或是毫无重点，直指核心还是拐弯抹角，语言简洁抑或长篇大论……都是个人特质的直白呈现，白屏黑字，想不承认都不行。

再次是风格：说得怎么样？ 娓娓道来是一种，平铺直叙是一种，风趣幽默是一种，流水账也是一种……很多以前不写作的人压根就想象不到，平时的口语表达也有无法隐藏的"水平"之分。

不过别担心，通过语写，这些都是可训练的。

日常人们说话都是"自然而然"，需要用才说，不用就不说，很难达到"主动训练"的目的；每天语写的一万字却是"额外任务"，不承担沟通和表达的要求，等于在"实用"之外专门找了块空地，目的就是练习。偏偏这练习的难度还远远大过平时的应用，要想做到就得主动集中注意力，对能力肌肉的锻炼远远不是"别人能明白就行"的标准能够达到的。

每天一个小时的思考，因为没有人布置主题，只能自己从生活中寻找方向，说得最多的一定是自己最关心的话题；因为有个远超日常表达需要的"起付线"，必须搜肠刮肚地多找点内容才能填满那每天一万字的份额；因为自己写出来的东西是什么样就在眼前，实在看不下去就只好努力改进……

久而久之，积累的效果开始显现出来：在没有人知道的练习过程中，我们主动思考过很多主题、尝试过十几种甚至几十种不同的表达方式，这个过程积累下来的"结论成果"，就像是毕加索练手过程中完成的那些"草稿画"，虽然没有对外展出，但需要的时候拿出来给别人看也完全不失水准。

于我而言，每每和伙伴们讨论问题，他们总赞叹"怎么你拿到一个话题好像就不需要提前思考，张口就能表达得那么流畅深入？"谁说我"没有提前思考过"？每天的语写练习都是一个人的寂寞旅程，好多问题我已经自己想过好多遍了。

当然，也并不是所有的问题都提前想过，只是想问题的方法多半相通，一个人絮絮叨叨地讲那些有的没的话题时，这种能力也被同步训练出来了。

语写，于被质疑中看见精髓

作为一个"语写资深学员"，有很多人对我好奇：你的能力都是语写锻炼出来的吗？诚实地说，不是。毕竟在开始语写前我已经有过很多年的写作经验，无论是思考还是表达，都有一定的基础。但我想说，**无论起点如何，如果你想锻炼自己的思考和表达能力，语写都是一种有用、高效、可复制的训练过程。**

当然，也不是没有被质疑过。

有人说，我也用过语音转文字，写的时候很费劲，写完还要再改一遍，最后时间不仅没节省，反而比直接手写或打字更慢。

这就像一个人学骑自行车，原本是为了从家到超市能比走路更快，可是还没练好就着急骑车去买东西，一路上既要默念动作要领又得操心路况，好不容易到了超市却发现比走路快不了多少，还急出一脑门子汗——他由此得出"骑自行车不如走路"的结论，这恐怕不能怪"骑车"，而是要怪"他的技能不熟练"。要解决这个问题其实也简单，别着急骑车上路，先在自家院子里兜上九九八十一圈，别把"技能练习"和"技能使用"混为一谈。

也有人说："我写字、打字输出时很顺畅，但一用语音就卡壳，这种方式不适合我。"

无论是手写还是敲键盘，速度再快也是有限的，在用文字呈现大脑中的内容时，客观上成了"木桶理论"中的短板，反向限制了"木桶能装多少水"（输出的速度）；但语音大大突破了这个限制，它几乎可以做到把脑子里的想法瞬间呈现在屏幕上。如果思考速度足够快，输出速度更快，自然是更好的，但若是思考速度本身有局限呢？当"呈现文字"的速度限制不存在了，真正限制表达速度的短板——思考能力就无处遁形。这才是"一用语音就卡壳"的真正原因。这种情况下，退回写字、打字的速度虽然看起来"更舒服"，却是在回避问题；直面"语音条件下思考速度不足"的现状，才有机会进一步实现思考能力的提升。

还有人说："我对自己的表达有要求，总要在脑子里想好才能说，你们却说要'想到什么讲什么'——随便说出来的东西有意义吗？"

如果一直停留在"想好了才能说"的原地，思考速度是不会自动提升的；只有逼迫自己习惯了"想到什么说什么"，才可能在不断练习"快速说"的过程中，主动反推思考提速，让"想到的就是想好的"成为可能——这种练习的难度，首先不在于"能不能提速"，而在于"能不能承认自己的速度不够快的事实"。

语写,到底是什么?

当我们谈语写的时候,我们在谈什么?

是写作,更是思维;是表达速度,更是思考速度;是"期待未来我会变成什么样",更是"看清我现在是什么样"。

如果现在有人再问我:语写就是锻炼写作能力吗?我会告诉他:**语写确实能锻炼写作能力,但它最大的价值,是让你看见大脑中那个隐形的"真实的自己"。**

做真正的自己，才能开始真正的人生。

时间合伙人

张佳佳

- 婚姻家事专业律师
- 婚姻家庭咨询师
- 国际认证财富管理师

一个婚姻律师的英雄之路

还有一周我就 35 岁了。在这个特殊的年龄,我想从我自己的故事开始,聊一聊人生的规划和复利,还原自己英雄之路的探索之旅、发现之旅。

探索之路:做真正的自己,才能开始真正的人生

我曾两次辞去公职。第一次,我从河南一个小城市的政府辞职,考到了外交学院读研;第二次,我从北京法院辞职,成了一名律师,也成了彻彻底底的自由职业者。

第一次辞职的时候,我觉得小城市的节奏不适合我,太安逸,

又太稳定，家里给准备好了车和房，就差找一个老公相夫教子，安稳地过此余生了。职业尽头，这一辈子，最多能做个处级干部。我不喜欢一眼望到头的结局，没有任何的挑战，太无趣了。我问自己这是我想要的生活吗？不是。所以，我辞职考研了。

研究生毕业后，我考进了北京法院，法官虽然是我喜欢的职业，发挥了我的专业特长，也让我很有使命感，但是我再次发现自己不喜欢行政文件，不喜欢卷宗，不喜欢各种会议，不喜欢朝九晚五，不喜欢一成不变。比起单纯的案件审理，我更喜欢倾听故事，探讨人性，以及人性背后的种种社会或家庭的原因。比起在格子间办公，我更喜欢说走就走，去看看山，去听听海风，我喜欢这些让我内心激动的感觉。那时候的我状态也不好，尽管取得了很多的成绩，获得了很多的嘉奖和荣誉，但我不是真正的快乐，身体也告诉我，这不是我想要的人生——我满脸的痘痘，貌似从未间断过，一波未平一波又起。

于是，6年的服务期限一到，我立即选择再次辞职，做一名婚姻律师。婚姻律师工作自由而有价值，让我觉得很有意义。但刚开始的时候，我也曾怀疑过自己所做的决定。我做普法宣传的时候，有不少人说，我现在很幸福，不需要学习。我做婚姻风险管理分享的时候，不少人反对说，我们需要更多的正能量。甚至我身边的朋友也劝我说，婚姻家事的案子太琐碎，太负能量，还是放弃吧。因否定的声音太多，我也曾动摇过。

但当我发现越来越多的人，因为我而改变对婚姻的认知，从对婚姻危机的焦虑和不安变得安定和从容，从离婚的恐惧和失败到重启对幸福的信心和期待，我觉得一切都有了价值。而当越来越多的女性朋友开始做风险管理规划，开始打破婚姻被动的局面，开始掌控婚姻的主动权和决策权，开始拥有更多的安全感的时候，我觉得我的选择太正确了。此刻，写这篇文章的时候，我很庆幸，可以用自己喜欢的方式做自己喜欢的事。

可这场探索和发现之旅，兜兜转转了近10年，我迷茫过、挣扎过、怀疑过，但还好，我始终不断尝试，没有放弃。这又何妨？我无比幸运，因为很多人穷其一生都没有做过真正的自己。

所以，大胆去尝试、去探索、去发现自己，去做自己，去把喜爱变成事业，那才是真正的人生。

英雄之路：努力而坚持，你才能享受人生的复利

我辞职做婚姻律师，一切从零开始，现实还是比我想象得困难。

刚开始，我想通过音频课程，提升自己的影响力。因为在法

院期间就有人想约我开课，但当时由于我的工作身份不方便，只能拒绝。现在自由了，我想尝试一下，应该不难。于是 2018 年 8 月底，办完离职后，我一边工作，一边打磨婚姻法律课程。写课的过程着实不容易，主要是我没有经验，有些法律的知识点，比如父母出资买房这一节，本就复杂，想要在二十分钟内讲清楚，其实十分考验人。写不下去的时候，我就去跑步。写完课，还要录视频，这方面我更没经验，一节课录了十几遍，中间老是出问题，总是不能一遍过，让我很是沮丧。而且声音也紧张，无法放松，录制效果不好。我只能一遍遍练。

课程做完就是和平台谈合作，之前是他们主动找我，我没有做，现在我回过头来找他们，必然是时过境迁，各种曲折，况且知识付费早已不是风口。内心的焦虑与压力，在我不知情的时候悄然袭来，我却不想承认。有一次，谈好的合作对方突然变卦，我放下手机后，胃就开始不舒服。当时我在地铁里，拖着箱子，每停一站我就要下来跑到卫生间里吐一次，然后再坐下一趟地铁。短短七八站的路程，我硬是没有坐完，最后出了地铁，蹲在路边缓了半个小时后，又打车回了家。那一刻我明白，有些事，远比你想象得困难。

既然不容易，那就放平心态，**办法总比困难多**。后来我把课程在某平台自己上架，自己宣传，自己卖。课程其实并没有卖出多少份，但课的内容，我的专业及我的努力，得到了认可。于是，我得到了新的机会。我被推荐给了一个全网粉丝上千万的女性成长平台，得到了系列课程合作机会。从第一节课，每一篇稿子要改十多遍，到最后，几乎一遍过，最多微调，我书写的能力在不知不觉中得到了飞速提升。因为系列课程逐渐形成了课程体系，我累计书写有10万字。朋友建议我出本书，于是我根据课程体系，设计了书的大纲，并写了样章。朋友帮我推荐给了出版社的编辑，她看过大纲和样章后觉得可以出一本女性社科普法的书籍，于是我有幸出了人生的第一本书——《感情不能解决的事》。

后来，因为课程和书籍，我受邀进行线下分享。但我其实是一个不敢在公开场合开口说话的人，但又必须克服。还记得，第一次线下分享，观众只有20多个，但我依然紧张到睡不着觉。当天，朋友开车送我去场地的路上，我坐在副驾驶座上一直在紧张地练习着。有了第一次的尝试，我就敢于接受第二次的任务。后来又有了50人场、100人场，我一路"打怪升级"，一路焦虑、挑战、迎难而上。而今，几百人的分享，我挥洒自如。

期间，有个主播分享的经历令我印象非常深刻。当时，我受邀进行一场关于婚姻法律的视频直播分享，我提前准备好了PPT。我在开始前的几分钟，调适设备时顺手点了更新……就这一个操作，电脑重启，需要输入密码，我平时习惯指纹识别，而这次只能输入密码，我居然忘了密码，试了几个都不对。天啊，直播马上开始了，电脑打不开，无法播放PPT，怎么办？时间到了，我只能直接用手机直播，只是没了PPT，没了提示，只能凭记忆。没想到的是，一个半小时的分享，我居然完整而有逻辑地完成了，没有"卡壳"，没有漏内容，更没有讲错一个知识点，大家反馈，效果非常好。下了播，我联系朋友修电脑，约好时间后，我试着输入一个密码，电脑居然打开了。后来我和一个心理专家聊到这件事，他笑着说，人在紧张的时候，大脑会短暂"卡壳"。看，内在的我还是紧张，但不妨碍我带着紧张去做事。尽管我习惯性紧张，但我意识到，我已经在不知不觉中，实现了从量变到质变的飞跃。我对知识体系的把控已经非常熟悉，我对演讲和输出已经有了肌肉记忆，即使没有PPT提示，我依然可以完整地输出。

所以，我想要说的是，无论是演讲还是写作，任何能力不是天生就能拥有的，需要日复一日地锻炼和积累。**你只需足够努力而认真，一遍又一遍，由简单到复杂，时间会让你悄然从量变到质变，而你只需享受这份复利。**

也许你要问，作为律师，你提到的是写作和演讲的能力，你为何不谈专业呢？因为专业是立足之本，这个无须多谈，我有对专业的自信，这源自我近20年的积累和沉淀。在6年的学习生涯中，我认真过，在6年的法院工作中，我较真过，我负责地处理过上千件的案件，如今近 6 年的律师工作中，接受委托的每一个案件，我都当作一个课题论文对待，而同时，我几乎每天都要学习并分析一个案例。所以，今天，我很自信地说，在婚姻家事领域，我就是专业的头部律师。

总要有实实在在的复利结果吧？以什么为衡量标准呢？以自信而自在的人生状态吗？ 从 2018 年 8 月离职到现在转型快 6 年，我不仅在婚姻家事的专业道路上站稳了，而且有了一定的影响力，办理了一些大案子，取得了一些成绩，实现了职业稳定的小目标。也许你会觉得太主观。**以财富吗？** 那世俗一点，6 年期间，我靠自己的努力，在北京提了车买了房，实现了生活的小目标。

我们每个人都是英雄，只要勇于探索、不断尝试、坚持磨炼和行动，终会找到自己的英雄之路，享受复利的英雄人生！

时间合伙人

语写就是我的树洞,独属于我一个人的树洞。

花椰蔡

- 语写千万达人
- 一行教练
- 中级心理治疗师

遇见你，余生都是你

我曾是一名三甲医院的临床内科医生，因受不了无休止的夜班，受不了病人上一刻还跟你开玩笑，下一刻就要抢救的场景，也受不了自己的主任医师在50多岁还在看文献、写论文。最主要的是自己责任心太强了，感觉自己难以承受生命之重。

所以我辞职了，考到了一家朝九晚五的事业单位，不用学习、不用竞争，每天平淡而悠闲地混日子。

半年后，不知为什么，我开始感到不甘心，也担心自己被时代淘汰，又开始了折腾之路。

以前我不愿意看书，结果这几年看的书比我以前合计看的书还多，还心甘情愿、乐此不疲。

我去知识付费、上课、囤课、混社群，想找到人生意义，活出自我价值。

兜兜转转,直到我碰到了语写。

缘　起

第一次接触语音写作,是在一个读书社群里,剑飞老师送签名书。我加了他的微信,聊了几句就把地址发给他,没几天他就寄了两本书给我,其中一本就是他的《极速写作》。

书并不厚,我花了一小时就看完了。最大的感受是语音写作并不难,下载软件、拿起手机讲话就可以。于是并没有把这件事放在心上。

然而一个月之后,灵休老师在另外一个社群里分享她的语写之路,让我很心动,立马和她建立了联系。

她极力推荐剑飞老师的语写课程,但我感觉价格比较贵,于是没有下定决心报名。

但我一直和灵休老师保持联系,她的文章和剑飞老师的公众号文章我都认真看,想着能不能不报课,就能学到东西。

我尝试着用自己的方式进行语写,但可能因为缺少反馈机制和学习体系,更没有老师指导,写了几天就放弃了。

然而，放弃了尝试却没有放下渴望，在观察和纠结了一年多之后，我还是"入坑"了。一入坑就待到了现在。

找到组织的感受是，后悔没有早点开始。

有时候在想，如果我早点碰到语写，我可能就不会辞职了，也会成为一位很优秀的医生。

于是，2020年6月，我终于开始了语写疗愈之路。

一开始，剑飞老师只是教我，拿起手机讲就对了，可是这个跟自己进行语写有什么区别呢？虽然疑惑，还是照做了。

结果发现的确不一样。在剑飞老师的带领下，以及灵休老师指导下，我能掌握正确的方法，能获得正向的反馈，一不小心就坚持了1300多天。

缘 深

语写是种生活状态，是属于自己的小小世界，想写什么都可以，由我掌握，全然自由。

语写让时间见证了我的改变，它不是一夜之间发生的，而是通过每天的坚持让我慢慢地进行改变，改变了生活方式，也改变了思维方式，这些都是自我探索的过程。

不得不说一路上我的收获很多,选择几个最有感触的跟你分享。

语言表达能力的提升

我的普通话并不标准,导致平时不愿多开口说话,而且我又属于慢热型的人,在陌生人面前不会勇敢地展现自己,只在自己很熟的人面前才愿意发表自己的想法。

但语写一段时间之后,我发现自己不那么纠结了,不再想着发音不标准怎么办,也不会想着说错话怎么办,而是勇敢地去表达自己的想法,好不好都先说出来,慢慢地,我的发声越来越多,自信心也随之增加。

比如工作中碰到领导级别的人物,我能够主动跟他攀谈,勇敢地展现自己,以至于工作结束时领导要和我合照留念,这件事给我很大的鼓励和肯定。

虽然还没达到妙语连珠的专业演讲水平,但我的表达能力的提升肉眼可见。

觉察能力的提升

有一段上下班的路,我走了两三年时间,从没有仔细观察路边的景象,可是语写使我刻意地去观察四周的环境,发现生命中的小惊喜。

有一天我发现，原来这条路上有那么美好的景色，忍不住停下脚步去观察这美景。

一旦打开了视角，我发现了越来越多美好的事物。一片叶子，一滴水，一只小虫，一张纸，每当我专注于四周的事物，就会感受到能量的流动。

我喜欢站在树下，一边语写一边去触摸它、观察它，去感受它身体的能量，好像我们冥冥之中一起经历了许多，让我有更多心灵体验。

也喜欢站在十字路口，望着川流不息的车辆和行色匆匆的路人，一边语写一边打开自己的想象，这些人要去哪里，是什么让他面带笑容，他在和谁打电话，也会想象我面对抉择时该如何选择。

慢慢地，我发现生活中到处充满着美好的事物，心情都变好了，这就是语写给我带来的美好的礼物。

生活中我的觉察能力的提升，使我在做教练时也能很快感受学员情绪的波动，并给予他情绪上的支持。

情绪控制能力的提升

有位名人说过，控制住情绪意味着控制好行为。

作为一位二胎宝妈，在没有语写之前，我的情绪波动非常大。

一旦伤心难过就会情绪低落很久,甚至会说一些伤人的话语,对自己和家庭都带来很大的影响。

有时我陷入情绪中会想找人聊聊天,可是拿起手机又不知道和谁聊,找到人之后又担心会不会打扰到他,聊了一会儿又担心他会不会和其他人讲,想得多了,就慢慢地找不到人聊天,最终只能自己默默消耗,难免又多了一些心理压力。

而现在如果有情绪我就会拿起手机语写,开心的、不开心的都可以写出来。在语写世界里我尽情地抒发情感、发牢骚、转换想法,情绪得到了疏导,很快就可以走出来。

稳定的情绪对家庭很有益处。我不会再因为一点小事责怪孩子,不会动不动就和爱人冷暴力。情绪稳定时更容易做自己的主人。

语写就是我的树洞,独属于我一个人的树洞。

解决问题的能力提升

碰到问题时,语写是很好的工具,我可以自我问答,多问几个为什么,多一些假设,多一些思考。慢慢地,我会发现自己内在的真正需求,看清需求,才能找到答案。

有时候我把书里让我触动的内容,写进我的语写,如果是我,我该如何去做,把读到的内容转化为我自己的能力。

语写让我内心更加敏感细腻,也让我变得更加地大度,不会在意一些小细节，而是勇敢地面对问题，走出来，不气馁，不着急，不纠结，让我的内心充满更多的可能性。

复盘的工具

无复盘无成长。

复盘对每个人都是至关重要的。

大部分人大多时候会通过打字的方式进行复盘。如果把打字方式改成语写，那么可以提高我们的效率，节约我们更多的时间。

通过语写复盘，思考、发现今天自己哪些地方做得好或者哪些地方做得不好，以后要怎么做。

我在做教练时也喜欢用语写作为复盘工具，今天自己对话过程语气如何、状态如何，有没有带有评判的话语，有没有理解学员想要了解的点，等等。

每天进步一点点，也可以迭代成更优秀的人。

缘来是你

语写如此美好，让我忍不住想要分享给更多热爱生活的朋友们。

它是一个宝藏，能够让你获得更多东西，就看你要怎么挖掘。

它又像一本日记本，可以记录你生活的点点滴滴，记录你跟孩子的成长互动，记录工作中的每一件事情，记录和爱人之间的情感波动。

它可以记录任何东西，也让你在记录之后发现一切都值得，并形成文字，留下纪念。

如果现在问你一周前你在干什么，你可能会说出来；如果问你一个月前你在干什么，你可能会有些模糊；但如果问你一年前你在干什么，估计你已经不记得了。

但有了语写就不一样了，你随时可以调取某一天的记录，查看那天你的行为、你的情绪。

它是一根时间轴，过几年回头看就是一个人的成长史、生活史，把它进行修修改改，大体也能成为你的自传体。

在语写的日记本上，你也可以每天拍一张照片上传到文件夹里，若干年之后，看着曾经年轻的你应该有许多感触吧。

这 1300 多天，我曾经因为一些事情而中断过几天，但很快又重新拿起手机进行语写。

语写，让我的人生有更多的可能性，有更好的选择权，也让我更热爱生活。

余生，语写将始终陪伴我。

时间合伙人

把时间变成自己的朋友，这是世界上最为炫酷的技能。

明韬

- 《语写高手》合著作者
- 时间记录践行者
- 商务智能咨询顾问

大象不走兔径

——剑飞社群那些让生活简单扎实的原则、信念与方法

2024年是我在剑飞社群的第五个年头，在一个学习社群中持续这么长的时间于我而言是绝无仅有的。

回顾这 5 年的时间，用 1882 天完成了 3210 万字的语写，130 次的语写马拉松，872 天内完成了 15773 小时的时间记录，累计 22300 条，收到两本完整的纸质版时间记录报告，513 天内有记录地阅读了 86 本书，完成了 1100 多本纸质书的扫描，做了 6 万多字的人生规划，出了一本合著书籍，跟随剑飞老师经历了 1000 场直播、连线分享，正在经历的 1000 场视频的追踪，见证了社群 7 款 App、6 本新书的诞生，参与了每月 1～2 次的线上线下课程与活动。

如此罗列下来，内容丰富到自己都有些吃惊，就社群而言，

我算不上是用功、努力的那一拨，从时间的效用来看，工作之余取得这样的成果，无疑是让人欣喜的。

结果是过程的呈现，过程是理念的呈现。

经典有言，大象不走兔径，这些成果的背后是那些让生活简单扎实的原则、信念与方法。

没有记录就没有发生

有一段时间孩子不肯记笔记，因为深知动笔对知识学习的重要性，自己颇为苦恼。而仔细回忆起来，自己在工作之后又有多少时间有意识地去在文字、文档上下功夫呢？不是变懒了，而是对运用文字改变我们生活的能力，无意识，无觉察。

有一本书叫《清单革命》，里面介绍了如何通过运用清单这一简单而有力的工具来提高工作质量和效率，令人耳目一新。我也运用清单记事，梳理思路，做备忘录，让自己的生活轻松了很多。

不止于此，剑飞老师说"没有记录就没有发生"。

这一论断极大地改变了我对"记录"这件事的认知，进而重视记录，实践记录，一点一滴地影响了我的生活。

记录是有序和改善的基础

人的思维和行为都是随机的，这使得我们的生活无法持续地获得累计的成效。如果你想人生有所改变，就必须时刻注意减少我们思想和行为上的混乱状态。

剑飞产品家族中的语写与时间记录，正是降服这两种随机性的两大利器。

语写是从随心所欲开始的，看到什么就记录什么，想到什么就写下什么，在无尽的呈现中，你无尽地发现，进而开始采撷、梳理，先接纳思维里的随机性，进而减少随机性带来的不良影响，让它指向明确的、可确定性的未来。

时间记录则是客观地记录下我们过往的每一个切片，如是地呈现我们的时间开销与结构，以供分析、修正、改善、提高。

大数据时代，数据分析已经被广泛地运用于各个行业、企业，同样，它理应被应用和造福于生命个体。思想和行为的分析、改善则是个人成长的基石，而这一切的基础都有赖于记录。

记录意味着觉知

没有记录，随机的思想和行为会被淡化、忘记，失去它的影响力和价值。而记录的动作本身意味着觉知。

比如每天 30 次左右的时间记录，每一次记录都在提醒我过去的30分钟或1个小时自己做了什么：你已经完成了某项工作，或你已经超时了，该进行下一项了……

很多时候我们被环境所影响，忘记了时间的流逝和下一步要做什么，所谓心随境转，时间记录会不时地把你拉回来，保持头脑的那一份清醒，知道自己在做什么，要做什么。

而语写则是不断记录着我们主观的所见、所闻、所感。一些平日里忽略的内容会在语写的过程中出现，对记录不断地梳理、加工就是在不断形成我们对生活的新的觉知。

记录是即时的反馈，是心理能量的积累

凡是能让我们成长的事情几乎都有延迟满足的特征。这对于意志力的消耗不是个好消息，持续的记录可以有效对冲这一点。

记录提醒着我们发生了什么，达成了什么，还需要做什么，这在当下本身就是一种真实的心理能量的积累。它告诉你：看，已经完成这么多了！这种及时反馈的功能牺牲了一点点时间，但收获了自我内在的积极肯定，如同日常生活这场游戏中的血包，可以为达成目标"续命"。

记录引发行动

记录是一种呈现，一种提醒。记录引发行动，对行动的记录

是一个积极的信号，它的达成会进一步引发下一步行动，从而让我们的生活充满活力、能量满满。

比如我在早起的过程中有这样一个习惯，洗漱之后立马进行锻炼。每天的时间记录都是这样一个顺序，当完成洗漱的记录后，这份记录的呈现就是一个信号，提醒我要进行锻炼了。

那些高频的日常行为都是如此，由此省去了切换决策的时间。

记录引发创造

这种创造功能在语写之中体现得特别明显。我们可以在语写中做思维实验，描绘自己的未来。

语写可以让你最大限度地激活自己大脑的意识与潜意识的部分，充分挖掘和创造各种可能性。每天语写创造时间，脑海犹如一个热火朝天的工地，又如生机勃勃的森林、草原、农场，各类作物野蛮生长，唇齿交错之际，电光火石之间，想好的、没想好的，过去的、现在的，各类想法如砖块一样被找到，或填充或粉碎，如种子一样被埋下，或生长或腐烂。

它们以极低的成本被发现、被记录、被呈现、被觉察。这些都是你创造和进步的源头。

比如信念是人生最大的底层逻辑，我们可以在语写中塑造它。生活的样子就是我们内心深处的信念及价值观的反应。每一个念头，每一个想法都在订购我们的未来。

语写很大的作用是在每天记录之中的自我探索，在自我对话中不断地塑造着我们内心深处的信念和价值观。说得越多，重复得越多，这种反向塑造的力度和效果就越大。

我曾困惑于"做自己喜欢的事"和"干一行爱一行"这两种观念。通过语写，我不断地追问自己这两者不能兼得吗？

绝大多数人其实都不是很明确，自己真正的天赋和能力在哪里，不是很明确自己喜欢什么，有的只是肤浅的感官体验。只有当深入去做一些事情，把这件事做好时，才能够发现其中的乐趣，发现自己的天赋。

与其追求虚无缥缈的感觉，不如先去做，去试错，去发现，去修正。这种想法一旦确立，人就容易踏实，容易耐心地进入刻意练习之中。

我在明确了这一点之后，把自己从知识和能力的焦虑中解脱出来，开始平静地去面对自己需要积累的技能。意外的收获是，不知不觉中我发现自己各方面的觉察能力也在明显提升。

长期思维与复利效应

投资领域有一个最基本的原理——复利效应,这是财富增长的根本性原理。

人生最有价值的投资,就是在自我成长上的投资。

剑飞老师说,**如果一件事情不能做 5 年以上,那它从一开始就不值得去做**。这是长期思维第一次在现实中冲击我。

依根本而立,不做无用功,从一开始就不在细枝末节上纠缠。

阅读、写作、时间记录、人生规划、锻炼、精力管控,都是值得打磨一辈子的技能。

语写很重要的一个功能是时刻提醒我,进入自我成长的长周期中去。

在语写过程中,我不停地进行各种话题的尝试和探索,这种探索、尝试,实际上是自己不断刷新的过程。

有时候你会有一种经验,但这种经验并不扎实,并没有深入骨髓里。而当你把这种经验变成你日常的一个习惯,变成每天都去完成的一个动作的时候,它的价值才发挥出来。

在最近这几年的时间里,我坚持得最好的是下面 3 件事情。

第一,每天起来锻炼,不管是多长时间,不管是刮风下雨,都要去锻炼。

第二,每天进行语音写作,1万字是底线。

第三,每天做时间记录20～30条。

一件事情你去做就会有感受上的变化,就会塑造生命的体验,这种体验持续下去,就会塑造你的人格。人成则事成,真正的长期主义的根本落脚点一定是在人身上的。

思维模型、提问能力、结构化与批判性思维等,我将继续深入下去,因为这些都是人生的底层逻辑。每一种能力的积累都是漫长的,但其威力与日俱增,要去真切地体验细水长流与一夜暴富之间的差别。

把时间变成自己的朋友,这是世界上最为炫酷的技能。

把力所能及的事做到极致

每个人的能力都是足够的,只是少有人真正有意识地去运用、打磨自己的能力,把现有的能力发挥到极致。

极致代表了探索的深度,一个相近的说法是"巅峰体验"。当我们在一件事情上不断地获得巅峰体验后,我们做事的心态、视角会发生前所未有的蜕变,这是生命力量根本性的成长,至于这件事情本身是什么,倒是没那么重要了。

比如，在开始语写之前，很难想象日写万字是个什么概念，更不用说日写10万字。而现在，在语音写作的小伙伴之中，这早已人人皆可做到，这其实是每个人都具备的能力。

做任何事情要想突破，都要从打破量的边界开始，写过3万字，写3000字就是小菜一碟。这种战略上的俯视感会让我们敢于战胜一切看似不可能的困难。

语写最初的障碍，在于不知道写什么，觉得写的都是口水话，而字数和速度的突破，在于忘掉写作内容本身，不去管写的是什么，看到什么就说什么，听到什么就写什么。

忘掉内容、条理的框框，只想着要写1万字，才能真正进入写作状态。

伴随着这种量变和边界突破的感受，在其他方面就会开始尝试。比如我每天做锻炼的蹲起数量，从50个涨到100个，又从100个涨到200个、500个、1000个；俯卧撑从20个涨到50个，又从50个又涨到了200个。

做事先做量，把量做到极致，变化自然开始。

人和人的根本差异在于认知和思维的差异，直面这种差异，把它记录下来，呈现乃至放大。

我们的未来，存在于一言一行之中，更存在于想法之中，并用记录去捕捉它、关注它、强化它。

心如工画师，能画诸世间。我们的生活有忙碌和苟且，也有诗歌和远方。

大象不走兔径，获得自在的有效途径就是遵循那些简单而扎实的基本原则。没有什么比找到生活的底层原理更令人鼓舞，如果有，那就是把这些原则应用到生活中去，用它来改变自己的人生。

长期主义和人生规划是我们实现梦想的关键。

时间合伙人

覃丽冰（明悦）

- 国家二级心理咨询师
- "明悦心理"自媒体 IP 主创
- 书籍《人人都应掌握的日常生活心理学》作者

一个十多年心理咨询师的长期主义

在人生的旅途中，我们随时会面临各种选择。这些选择可能会影响我们的生活，甚至可能会改变我们的命运。然而，我们往往会因为短视而做出错误的决定，这就是我们需要长期主义和人生规划的原因。

我是长期主义信奉者，终身成长贯彻者，也是时间复利的受益者。 我相信，只要做对了选择，简单的事情重复做，复杂的事情简单做，叠加"时间"复利，在"努力"这个基础属性的加持下，终将会有巨大的收获。

关于学习

我出身寒微,从小就知道:只有把书读好才能走出大山,改变命运。所以于我而言,早期就是一个"山村做题家"努力学习的故事,十年寒窗,如愿考上一个好大学,才得以来到深圳这个大都市扎根。

数载苦读,多年坚守,再加上科学的人生规划,才换来了逆天改命的机会。

关于婚恋

由于父母婚姻不睦,自小在动荡中成长,我非常渴望安稳,希望我的另一半"温暖包容,情绪稳定"。16岁那年,遇到那个声音清澈、步伐平稳、眼神专注的少年时,我感受到了前所未有的喜悦安宁,心定了,就认定了。静水流深,时光无言,一晃眼,一起走到了现在。即便有时相对无言,却也温馨从容。言笑晏晏之间,流转的是不变的心安。

婚姻是一个人一生中最重要的事情之一,少年夫妻老来伴,无数的时间和心力的投入和积累,才能打磨出安稳的生活。从这个角度来说，婚姻本身就秉承着长期主义原则。

关于职业

从小我就对"生死"这个课题很感兴趣，对生命真相的探寻维系着我的好奇心和求知欲，推动着我不断去探索关于世界的本质和生命的真相。于是，我系统地学习了西方心理学，修习儒释道文化，禅修。经过十几年的努力，我达成了自己的期许，成为一位成熟的心理咨询师，稳稳地立足于世。

"三年入行，六年入道，十年成王"，选择一个长期可持续的赛道，沉下心去积累，重视时间复利的力量，一定会遇见那个更好的自己。

关于认知

由于生长环境的局限，早些年我深陷认知困境，可悲的是当时根本意识不到自己的认知局限在哪里，走了很多弯路，磕磕绊绊，碰得"头破血流"，其实都是在为认知不足买单。好在内在总有一股无形的驱动力，推动我不断生长，督促我持续主动学习。我能听得进劝，也能不断打破自己的认知边界，还持续实战，因此才能不断成长、蜕变。

在从事心理咨询的十多年里，我的人生发生了翻天覆地的变化，最根本的是认知上的变化：我的世界观、价值观、人生观都发生了巨大的改变。这种底层意识架构的改变直接带来了现实层面的巨大变化。十多年的心理咨询生涯，让我从敏感、自闭、羞涩的状态，成长成如今自信、从容、绽放的状态，实现了由内而外完全的蜕变。认知提升并非一朝一夕之事，需要大量的输入，还要时常输出，形成良性循环，量变引发质变；倘若遇到好的机缘，亦能顿悟。

关于变化

医不叩门，心理咨询其实是一件被动的事情，我无法预设谁会带着什么样的问题来找我，也无法预设每个人下一次来是什么样的状态，所以我要处于一种时刻开放、清空的状态，用静定的心去拥抱无常，用包容的心去拥抱差异。这样年复一年的磨炼之下，我变得越来越沉稳厚重。

我是一切的根源，我在改变，一切都会跟着变化。 我的客户认知层次越来越高，我的朋友圈也在不断更新。以前我的朋友基本上都是同学或同事，但现在我的朋友圈已经非常多元化了，而且还在不停地迭代更新。这就是吸引力法则，我是什么样的人，就会吸引什么样的人来到我身边。

在我的生命中，变化的速度也更快了。以前会有那种日子一成不变的感觉，但入行十多年的过程中，我发现在我的感知里，时间流速变快了，空间变化也更快了，有时候念头刚起不久，事就成了。这就意味着，同样的物理时间里，我经历的人和事变得更多了。变化就成了我生命的常态，而变化往往会带来很多机遇和希望，我的人生越来越鲜活生动。所以这十多年，本质上我只做一件事，那就是拥抱变化。

我非常感恩自己十多年前的选择，在那个国内心理行业还处于空白期的时候，遵循本心选择了这个行业，让如今的我拥有了从容面对各种变化的能力和资本，这条路我会一直坚定地走下去，而且我相信，未来的每一个十年，我都会比今天更好。

这就是长期主义和人生规划的力量，只要坚定方向，不断修炼自己，就能在变化中不断成长，实现自己的人生价值。

关于影响力

作为一名从业年限超过 10 年的心理咨询师，我深知心理咨询师这个职业的特殊性，需要直面人们内心中最深的声音，承接人们缩略版的人生，是一个高负担、高负荷、高要求的职业。在这十多年的实战中，我接触过各种各样的个案，见证了心理行业的发展，也经历了无数客户的悲欢。因为懂得，所以慈悲，我心中有很深的悲悯。

然而，走过十年，我发现我的时间精力很有限，因为每个人都不同，这就决定了一对一的个案形式，一天最多做 5 个个案就已经是极限了，再多的话，就没法保障品质了。看到这个局限点以后，我意识到我必须想办法突破个人时间和精力的卡点，这样我才能做更多的事，让更多人受益。因此，我开始思考如何扩大影响力。

我始终坚信，厚德才能载物，厚积薄发，再不济也是大器晚成。所以我能沉下心来在心理咨询行业实战 10 年，这 10 年我只做一件事，那就是打磨自己这把刀。走到今天，这把刀已经很好用了，无论是专业素养，还是个人综合素质，我觉得自己已经很优秀了，所以我愿意站出来，我要让更多人看到我，我要影响更多人，让更多人受益。

在这个时代，书籍和自媒体是最适合的载体了，感谢时代，感谢科技，让我这样渺小的个体也能发出自己的声音，也能借助平台实现自己的理想和抱负。因此，我决定利用书籍和自媒体平台，普及心理学和生命通识教育，让更多人受益。流水不争先，在于滔滔不绝，敬畏时间，尊重时间，长期持续，必然开花结果。

关于加法

我是一个创业者，刚入行时，我就创立了自己的心理咨询公司，有意识地打造自己的品牌，并在这条赛道上不断地积累、沉淀。这十多年里，我把心理咨询作为主赛道，以此为基点持续地做加法。

在做心理咨询的过程中我发现，如果外在的环境和自身的条件没有改变的话，内在的心境很难转变，所以我加入了体型管理这个项目。当一个人的体型、仪态、气质提升了，他会更加自信，也会产生对美的向往，尤其是女性，更会有脱胎换骨的蜕变。

根据客户的反馈和实际需要，我还融入了中国传统文化和美学的项目，让客户在醇厚的人文氛围和美好的外部环境中熏陶，用润物细无声的方式，让客户在潜移默化中发生改变。

我怀着开放的心态，随时接受新信息，不用固有标签定义自己，不断地自我进化，让"加法"成为常态。

作为一名心理咨询师，我也会帮助我的客户制定长期目标和规划，帮助他们更好地面对人生的挑战。在我的职业生涯中，我见证了很多人的成长和变化，也深刻地感受到了人们内心的伤痛和渴望。**我相信，只要我们有一个长远的目标，有好的规划，就能够更好地面对人生的挑战，走出内心的伤痛，迎接更美好的未来。**

结语

我深信长期主义，始终认为人生规划是非常重要的。在这个快节奏的社会中，我们需要有一个长远的目标，需要有好的规划，还要接纳变化，随时做出相应的调整，才能更好地面对未来的挑战。

总的来说，**长期主义和人生规划是我们实现梦想的关键。**只有通过明确的目标，深思熟虑的规划，以及坚持不懈的努力，我们才能实现我们的梦想。

因此，让我们拥抱长期主义，制定我们的人生规划，然后勇往直前，实现我们的梦想。

> 任何好的规划都是通过学习、练习、实践才会获得。

时间合伙人

小奇

- 《语写高手》和《时间值得统计》合著作者
- 5年语写1亿字
- 40岁裸辞到深圳创业

刻意练习，规划人生

人生需要规划

人生需要规划，规划是一件很有难度的事情，但不能因为有难度就不去做，因为它是超级值得的。

我一开始规划时，会感觉云里雾里，什么都看不到，觉得也没有什么好规划的。这和我们做任何一件事都是相似的，做得多了之后，就会知道将来要过怎样的生活。如果从来没有想过这件事，就没有办法清晰地看到未来的生活。

我们大部分人，在生活中对未来都不是很清晰，只是在过当下。这会引出一个问题，把当下过好了，不就很好吗？其实，真正能把当下过好，是因为对未来有一个清晰的预见，才能更专注于当下。如果没有前行的方向，对未来是迷茫的，这时我们想活在当下，知足于当下，就是有难度的事，因为你会有一种莫名的慌张，莫名的焦虑。

这一点我过去曾深有体会，一旦对未来有清晰的判断或是认识，那么对现在正在做的事，就会很笃定，也会知道这件事能引导你走向哪里。你的注意力不会更多地放在担心、焦虑和忧虑上，或是总在顾虑这件事情是做还是不做。所以，规划未来，会使得行动力变得更强。一旦一个人能看到未来，对于当下的沉浸是有极大的帮助作用的。

人生规划难吗？

规划未来难不难？答案是不简单。

就是因为它有难度，所以大部分人未曾思考过，或者只是想了想，觉得它太有难度，便放弃了。我们上学的时候还会思考，大学毕业找什么样的工作，对工作的那份憧憬还很强烈，但是对人生的规划却很少有人去做。

2017年，我接触了目标管理的课程，开始试着站在人生的终点回看自己想要怎样过这一生。那时我想到的内容有些泛泛，但开始意识到思考未来的重要性。

2018年开始语写后,剑飞老师提到要在语写中多描写未来,多看向未来。但说实话,我对未来的想象总是有限,而且会停留在一两年的范围内,对更长远的未来的思考就变得艰难许多。而这时,我会下意识地又开始回顾过去和表达当下的问题。

2020年,剑飞老师单独做了人生规划项目,我马上选择加入。因为把它作为一个独立的项目来做,对自我的要求就会变得不同。在当时,我们会从自己当前的年龄写起,写到90岁,每一年都要写上1000字的内容,用1000字来描述那一年在做什么、感受和状态等。

当时我能想象到的,也就是5年之内的情景,5年后的每一年的内容对我来说,写起来都很困难,尤其是中间几十年的时间。80岁之后的生活,相对来讲比较好写,因为在自己的想象中,那时的生活会简单一些。但是中间的这些年份,我很难想象到自己在做什么。

等到了2021年,剑飞老师又换了一个新形式,方法是把不同的年龄尾数进行分类,遇到年龄尾数是"1"的,如41、51、61等,写健康维度,尾数逢"2"的,写家庭维度,以此类推。

这样的方式,让我感觉写起来的难度降低了不少,因为有了一个范围的指引。就这样,第二年写人生规划项目时轻松了些,完成的时间长度也不再像第一年，是以年为单位的。

再接下来的迭代是，人生规划除了写每年的文档之外，还要写未来要做的 5000 件事，而人生的长度也拉长到 100 岁，变成了对百岁人生的书写和思考。人的一辈子，如果真的可以把最想做的 5000 件事写下来，很多细节会被看见，也能知道这一生中自己想要做的事情到底有哪些。

语写对人生规划的助力

前面提到了在语写中，描写未来时自己总会有畏难的情绪出现，所以写得不多。但几年的语写写下来，让我有了新的发现：**你的过去藏着你的未来。**

语写带给我的是，从过去的生活中看见了最真实的自己，这份看见来之不易。它让我从诸多事件中看见了自己的优势，也许在当时对我来说是很小的事件，但在足够多的事件中，这个优势就变得很明显。

而我们自己常常看不见，即使偶然看见，也没能坚信它就是自己的优势。

所以**语写有一个很重要的作用，就是让我们清晰地看见了自**

己，构建起了自信和对自我的积极肯定。

语写里写下日常对自我的否定和偏见，写下每一个藏在内心和脑海中的念头，给它们一个释放的空间，它们就不会再反复地围绕着自己。释放是愉悦的，是痛快的，我们每个人都需要这样的空间，但在实际生活中很难找到。我们往往渴望朋友、另一半、父母能倾听我们的心声，给予我们最有力的支持。如果能够遇到和拥有，那就是一份幸运和幸福。但这份幸运不会降临在每一个人身上，而我们自己打造的这个空间，却是可以做到的。语写带来的自我连接和接纳，使得我的自信心慢慢得到提升。

自我认识也是随着语写练习的深入，在不断增强的。类似习武之人，在不同的年份对武术功力的理解和把握是不同的。我看到了自己的优势，看到了内心想要去往的方向，其实它们早就存在了，只是内在的自己在过去不相信自己能做到，只看到了自己的劣势和不足，所以被牢牢地束缚了。

在语写里找到自己，拥有自信和勇气，这时对未来的思考，会越来越清晰。那是否要先找到自信，再去思考未来呢？我的理解是，它们没有先后的顺序，因为当思考未来遇到困惑时，也会激发自己对自我更多的探索。

时间记录对人生规划的助力

时间记录是对当下时间使用的客观记录,它又是一份看见。看见我们的时间的使用情况,一天都做了哪些事,时间的投入比例是怎样的。

每一天数据的积累,就是对自己的行为状态的了解和把握。生活节奏是乱的还是有序的?由乱到有序是否能自如掌控?对一件事的投入是间歇性的还是长期的?这些都可以通过时间记录数据给予自己反馈。

时间记录对一个人未来的人生有什么作用?一个了解自己行为方式的人,会知道自己做一件事的状态和时间长度,会做更合理的规划方案,以及能根据当时的情况做出及时的调整。对长期具体事项规划的能力,都是从短期规划中获得的。

有了长远的目标和规划,但不能落地,到最后也只是一场空。未来规划具体到每个阶段要做什么、怎么做,时间记录会提供客观数据的反馈和呈现。它能帮助我们及时检验自己现在做的事和期待中的规划是否一致,是在一条线上,还是走偏了。此外,距离未来的规划有多远,这一生怎么做才能不断地靠近它,时间记录都会告诉你答案。

看见未来，走向未来

每个人都有人生的选择，它可能是你擅长的某一部分，或是你喜欢的一个点，然后慢慢地把它放大。立足于当下，我们回头寻找的是你曾经的喜欢、你曾经的梦想，去看见自己的优势在哪里。我们寻找的是在这个过程中遗失的信心，被淹没的勇气。

我们要一点点把自信找出来，把勇气找到，让它们发挥能量和作用，同时从当下看向未来，去设计一条属于自己的人生路。尽自己所能去思考，勾勒出自己在当下所能想象出来的未来的状态和样子，你向前的脚步会变得更加坚定，同时对当下的接纳，对当下的专注也会变得更好。

跟随剑飞老师做人生规划项目已经4年了，正因为有了这个项目，我才不停地去思考我的未来；正因为有了这个项目，在看不清未来时，我没有选择轻易地放弃，还在继续探索。

在每一年的思考的内容中，会有重复的部分，也有不断重构的部分。重复的往往就是内心的期待，改变的就是持续探索和优化的内容。

所以人生规划是一件非常重要的事情，对我们每一个人来说，都很重要。它不简单，但值得做，也值得每年反复地做。

就像我们要修一座桥或修一条路，如果连份图纸都没有，不知道这条路要修到哪里，具体是什么样子，投入的资金是多少，完工所需的时间是多长，最后的结果就是修不成。

人生路都是靠自己修建的，人生规划是把自己视为自己人生的规划师，没有人天生无师自通，天生就会做规划，任何好的规划都是通过学习、练习、实践才会获得。

每个人都值得拥有更加美好的人生，每个人都可以成为自己最好的人生规划师！

长期主义，终身成长，做人生的主人，做财富的主人。

时间合伙人

JOY

- 个人成长教练
- 生命教练
- 语写 & 时间记录长期践行者

和时间做朋友

2022年的一天，我知道了语写，2022年的一天，我第一次添加了剑飞老师的微信。

也是这一次的添加，让我后来的人生发生了翻天覆地的转变。长期主义、和时间做朋友、语写、时间记录、记账、阅读……我的人生开始变得更加丰富、更加充实。

我开始更加坚信"读书是有用的"这件事。以前反复和我强调这个理念的人是我爸妈，中间我曾放弃过一段时间学习，再后来遇到剑飞老师，他对这一观点的反复强调让我更加坚信这件事，也促使我努力践行这件事。

剑飞老师还有几句金句是："力所能及地做到极致""当你态度坚定的时候，其他人也会跟着你一起坚定""行百里者半九十""自由才能创造"……

剑飞老师的这些话给我带来了很大的力量。

2022年，剑飞老师开了1000场直播，这1000场直播我跟了百分之八九十，记录了10万多字的笔记，这些带给我的是一种内在信念的变化，还有对未来的相信。这些也在我选择从公司离职的时候，带给了我很多的力量加持。

也因为剑飞老师，我的人生的路线早早地发生了转变：从一条"委曲求全的路"转向了一条"自由的路"。这个过程中，剑飞老师的千场直播带给我的是勇敢、力量和信念。至今我仍然记得当时剑飞老师经常说的一句话：**"如果一件事情一定要做，再早做都不为过。"**

因为剑飞老师，我养成了语写、时间记录、记账等一系列习惯，它们都带给我特别多的改变和收获，也正是如此，我一直在给我周围的朋友们分享它们，希望我的伙伴们也拥有这些习惯，用这些习惯创造不一样的人生。

语写——我找到了人生路上的新伙伴

语写 600 多天、772 万字后，来说说我眼中的语写

我使用语写有 600 多天了，目前写了 772 万字，来说说目前的我对语写的理解。

1. 简单地说，语写就是用语音来写作，平时我们用笔写，用键盘打字，可能还有其他的方式，语音写作是其中一种方式。其实也就是用说话的方式来写。

2. 语写的好处。从语音写作方式本身来说，大多数人都是说话会比打字快、比写字快。

语写的另一个好处是：我们所说的话来自我们的思考、感觉，是我们内在的声音、感觉、思考显化为语言后传递出来的。长期的语写会让内在声音与外在表达更加一致，降低了诸如词不达意、思考太快嘴表达不出来，或者还没想好嘴就说出来了等内在声音与外在表达不一致的情形。

语写还有一个好处：语写是一种相对自由的空间，由你决定语写的内容的权限开放给谁。

3. 从语写的内容来说，语写的作用取决于我们所表达的是什么。

当我们面向过去，回忆往事，语写的作用是回顾；

当我们反思过去的错误和得失，语写的作用是复盘，是对自我的探索和澄清；

当我们立足当下，说出我们当下的感受，和内心对话，我们可以更深入地了解自己的内心；

当我们读了一本书、听了一堂课，然后用语写的方式表达出来，语写又成了我们可以用来费曼式复习的一个工具，可以加深我们对书籍和课程的理解；

当我们用大量的语写输出我们对专业领域知识的理解和思考，语写成了我们构建知识体系的一个工具；

当我们用语写来预演计划，我们可以将一个个计划从脑海里提取出来，呈现在现实中，变成一个个具体的文字，让计划变得更清晰，计划经过预演，在现实中也会更加可行；

当我们面对未来，语写又变成了一个规划人生、畅想未来的工具；

……

语写的同时，我们所有的表达自动留存下来，构成了我们人生记录的一部分。

我是一名个人成长教练，同时也是一名语写践行者，对于这两个角色的结合，我的方法是：

我可以带着教练的视角来语写，我也可以用语写复盘学习、回顾做教练的过程，我可以在语写中探索事业、迎接挑战，也可以在语写中探索和预演未来……

二者是相辅相成的,它们是我众多"武器"中最常使用的两个,它们支持着我去创造想要的未来。

语写700多天,我感受到了怎样的语写?

1. 语写带给了我更多的思考。大量语写的背后其实是大量的表达和思考:大量的表达之中有看似无意义的、流水账式的、不经思考的表达,但也会伴随而来更多地深入思考,在表达中探索背后更深的意义。

2. 表达什么不重要,重要的是语写伙伴们一直在表达,每天都在大量地表达。训练的开启很重要,持续保持一定的训练量也很重要,在语写里,App的统计功能让这种训练更加可视化,同时也将语写的内容留存下来。

3. 语写思考的角度是多种多样的:用语写回顾、复盘过往,用语写审视、梳理当下,用语写梳理、优化流程,用语写预演行动,用语写提升生产力,用语写将一个个想法和灵感具体化并以更加有效的方式落地,用语写畅想规划未来。

4. 语写可以让复盘更加高效、深入、内化,产生更好的成效。

5. 语写是流动、感受、觉察、澄清，与感觉、与内心、与自我沟通交流的方式之一。

6. 用语写发散思考、梳理逻辑、实现整合。

7. 读书后进行发散思考、深入理解和使用费曼式表达，"读完了书还会记得自己读了些什么"，可以分享、表达一下自己的理解、如何将学习的内容落地实现，让所读的书和自己更深地连接在一起。

8. 决策方案的衡量与比较，更好地使用现有资源，选择更有效的方式推进目标达成。

9. 语写帮助我想通了很多事情。很多事在脑子里是理不清的，这里好、那里不好，那里好、这里不好……仿佛一团糨糊越搅越乱，而通过语写一句句表达出来，一个个烦恼就像是盘子里一颗一颗的珍珠，格外地清晰明了。

语写千万字，语写帮助了我什么？

2024年2月29日，我成功达成了月度语写100万字、累计1000万字的小目标，回顾700多天的语写历程，感觉这一路走来很丰富、很充实、很有趣。

经过1000万字的语写,我都收获了些什么呢?

表达了很多情绪

开始的时候我并不是为了表达情绪而写,而是过去的表达真的很少,有很多事情发生过后就直接堆积在心里,留下了很多未处理的情绪。

当我开启语写,这些未经处理的情绪就自然随着语写被释放、表达出来了,好像之前内心存放着一个个理不清的线团,语写的时候就像扯着一根线慢慢地把线团拉出来,内心也就变得更加清爽了。

进行了很多梳理和整合

从上学开始到现在,我断断续续地在进行各种各样的学习、阅读、听课、听分享……我感觉学到了很多东西,感觉内容都很好,但好像没有头绪,也不成系统,我很希望能有时间将它们梳理清晰,但这像是一个超级庞大的工程,我一直都没有开启。

开启语写之后,就是在一次次自然地语写中,我关注的一个个主题、话题被表达、梳理出来,形成了一个个或大或小、或模糊或清晰的体系,在日积月累的梳理中逐渐整合、清晰起来,我对自己的人生方向也从模模糊糊、乱乱糟糟变得更加清晰了。

开始有了目标感

这一路走来，在语写开始的阶段，我是比较"佛系"的，每天完成 1 万字左右就好了，后来我开始挑战极限，2 万字、3 万字、5 万字、8 万字、10 万字……在一次次的挑战过程中，我感受到了目标达成的快乐。

从 2024 年开始，我开始了长周期目标的挑战，感受到了规划达成一个大目标的成就感，这种实现目标的经验和感受，也十分有助于我去实现其他的大目标。虽然目标和目标的达成不完全相同，但目标达成中的一些经验是可以迁移使用的。

用语写帮我做事

我用语写帮我梳理思路，厘清思考计划、文章脉络，也有细节的遣词造句和推敲……通过语写找到更适合的方案、更适合的表达、更适合我的方式和流程，它助力了我工作效率的提升与成果达成。

用语写进行更加细致的复盘

因为语写的即时性，可以帮我把所思考的内容即时地表达出来，而不是事后再去想刚才有触动的那个点是什么。

在语写里可以随时想到一个触动点就钻进去看看，琢磨一圈再出来,继续沿着之前的路向前走。

对生活有了更多的观察和思考

我们的日常生活如此匆忙,每天做着一件又一件事、一个又一个任务……很少有时间给生活更多的看见和观察。

为了完成每天的语写,尤其是语写挑战的时候,会对生活有更多的看见、观察和思考,对过去的生活有更多的反思和回顾,对未来的生活有更多的思考和畅想。

我们的日子,也正是由这一天天一日日组成的,回顾过去、观察现在,也会从中看到,什么是对我更有意义的,什么是我更想要的,并在未来的生活中去转变。

经过700多天、1000多万字的语写,我对于语写的认识是:

语写是我的朋友,是我的小助手,也是我的伙伴和搭档,它有很多的角色,它可以很灵活地被使用。

它是我回顾过去、看向未来的通道,也是我看向更细微的世界、看向内心的通道。

它不会说话,但我却和它交谈最多,也正是因为它不会说话、不会思考、不会有偏见、不会有评判,所以我可以更自由地表达,在表达中找到自己,也找到我的路、我的心之所向。

我开启了和时间做朋友的旅程

和时间做朋友——开启篇

我曾经经历过很长一段时间的"忙茫盲",我拼命地挣扎但总是不得解,直到 2017 年,我有幸遇到了笑来老师写的《把时间当作朋友》。

读到这本书,我知道我的"忙茫盲"有办法解决了,接着我开始找时间记录的各种工具,但一直没能成行。

自此我开始了漫长的寻找之旅,哪种时间记录是适合我的,它在哪里呢?

2022 年年初,我接触了语写,我知道这个 App 是我需要的,体验了几个月后,我了解到原来剑飞老师还有时间 App 的产品和服务,我和老师说,过去我都记过多次了,始终都没坚持下去。

剑飞老师的回答带给我的感觉是一种相信和确定。这其中有老师对自己可以带领其他人做时间记录的确定,也有老师对于自己所设计的持续在迭代的 App 的相信,也有对于学生的相信。

于是我这次又果断地入手了。

在入手时间记录服务之后,刚好赶上了同学们的一场分享,听完了这场分享,我莫名地突然可以将每天的时间开销记录起来了,直到现在,老师也没督促过我一句。

也许你会说:既然都是你自己记的,这钱不是白花了吗?

还真不是。

因为加入了这样一个有氛围的圈子,因为有老师的时间相关的线上线下课,我意识到我的一些理念和认知、对现在和未来的态度不一样了。

生存基础上求发展、打造作品、长期主义、和时间做朋友……很多的想法和理念已经深深地刻在我的认知里。

如果是我自己去摸索,我不会有现在的认知,也许还只是顾着当下的一亩三分地,每天忙得焦头烂额,完全不知道时间为何物,在时间的迷宫里兜兜转转……

而现在,我特别坚定和笃定地在和时间做朋友,我的行为和决策方式也变得不同了,我坚定地在长期主义的道路上,踏实地前行。

回看当初的决定,幸好当初我完全不知道还有 App 高级会员这码事,所以才会直接选择了老师的年度服务。

如果有,当初我极有可能因为考虑省钱而只选择 App 会员,放弃老师"看起来昂贵"的年度服务,先自己试着做做看,然后也许我会记录了一段时间之后又一次经历失败,三年五载之后,我再回过头来选择老师的年度服务,选择老师更细致、更系统的时间分析报告。

但那时，时间这一笔最宝贵的财富又流逝了几年，而这些时间，原本是可以用来做更有价值的事的。

想到这里，我特别感恩当初命运的安排，感恩过去两年的时间里收获的成长，感恩这一场经历，感恩我在 2024 年年初的收获和发现，让我从心底里想将它带给更多需要它的人。

如果你也处在"忙茫盲"的困扰之中，也欢迎你来选择它，让它也成为你未来人生中的有力武器。

2024 年年初，我深切感受到了时间记录的巨大价值

因为有了 2023 年一整年的时间记录，2024 年，我敢定一个大目标了。

当我又怀疑自己的时间不够用的时候，我去看了我的年度时间记录数据，它清晰地呈现了我的时间花在了哪里，在哪些时间投入里是可以再找出时间来的。

我为自己找到了 1000 小时的时间，将它们重新规划、安排在我 2024 年的目标达成、个人成长和事业发展上。

我也感受到时间记录管理的复利：一个人的时间、时间结构管理得越好，这个人也会越高效、越自由，他的精力、状态和产出等也会越来越好，这也让他可以做更好的时间管理，形成时间管理的良性循环。

时间记录 600 多天,我有了巨大的收获和改变

1. 时间记录让我变得更加有意识了,知道我的时间投入在哪里;我也在有意识地控制我的时间、注意力的分配;关注时间投入的事项是否对现在有价值、是否对未来有价值,对于无效、无意义的情绪、活动,更加有意识地控制时间。

为了让一段时间更容易被记录,我会尝试在做事情时有意识地调整,一次只做一件事。

2. 时间记录让我对自己有了更多的了解,我开始在我的时间大结构上找优化点、调整时间结构。

3. 时间记录让我开始对时间、对与时间做朋友有了更多的感知。

4. 我有了 2022 年的一本纸质版时间报告,里面包含从 2022 年 6 月 5 日起,每天 24 小时的行程记录,我也将拥有我的 2023 年的 8760 小时的纸质版时间报告。

如果未来有一天我想回顾自己的人生,我是有迹可循的。也许未来有一天我还可以给年轻的孩子们分享我年轻时的时间花费情况、我对于时间的认知,以及我的心得。

5. 曾经我是一个"忙茫盲"的人,一天的事项完不成,拖到后一天完成,每天带着压力下班、入眠,现在的我可以在前一天为后一天的计划做准备了。

6. 我开始感受到在长周期上规划、播种、收获的好处，开始敢在长周期上定一个大目标了，开始尝试从一天的目标计划到一年的目标计划。

7. 我开始喜欢算计时间了，思考每件事情的时间成本是多少。

8. 我开始从单纯的时间记录，逐渐开启了时间回顾和复盘，优化时间流向及时间结构，尝试从时间记录中找到优化生活节奏的途径。

9. 我开始从过去的"认同时间记录的价值但记不起来，一分钟掰成八份用，总感觉没有时间"到现在的"习以为常地记录时间，开始有更大块的时间安排"。

10. 我变得更注重健康了，因为拥有了健康才会拥有更多的时间，才有更多的时间去创造、拥有想要的生活。

做财富的主人——剑飞老师记账课复盘

通过参加剑飞老师的线上记账课程，我收获如下：

记账是一个做未来财富规划的过程

确定的、固定的收支因为种类繁多，可能因为记录不全而粗糙，不确定的收支因为未知和不确定性而粗糙。

但没关系，想到什么就先记下来，然后再一点点细化、补充、完善，同时在过程中逐步找到感觉、找到个人财富的整体观。而如果不做，可能永远也不会对自己的财富有整体的规划和不断细化的可能。

用完成时来讲述自己的梦想

在脑子里想的财富和在自己的账本里记录下来的财富带给自己的感觉是不一样的，在脑子里想的时候还是会感觉这是自己期待拥有的财富，是想要而不得或者是离自己还比较遥远的，但剑飞老师给我们讲解逻辑＋践行记录未来财富规划，带领我们录入未来的收支后，我的感觉又不同了：当我写下 5 年目标的时候，感觉这笔财富已经纳入我的财富版图上，它和我的连接感又加深了一层，我需要的只是一点一点走到那里，去将那个点在现实中创造出来。

此刻，我又想到老师曾提到过的：用完成时来讲述自己的梦想。对于目前的我来说似乎还没有完全做到，所以总会觉得那个目标好像离自己远一些，但记未来的账这一点，我认为它对我来说是一个感受到"完成时状态"的有效方式之一，感觉很不错。

关于现值和终值

我常常会以现在的价值来规划未来的收入，不过在剑飞老师的课程中得到的启发是：

考虑通胀因素的情况下，现在计划的未来的目标财富价值可能在未来时点上并不能达到自己预期的价值/购买力，或者可能设定的目标看起来高于当下自己的预期，但未来可能会发现目标设定低了，并不是自己满意的目标。

所以我们在制定目标时，需要了解其中的差异，确定自己真正想要的目标是怎样的，以及需要如何实现。但预估远方的未来可能比较难，可以大致先写，以后有更加准确的预估再阶段性地做更新调整。

投资自己和投资资产

我们常常听到一种说法是"钱生钱"，但其实在人生中的较早阶段，如果并没有较多的财富积累，用来生钱的本金并不多，这时候更值得做的是投资自己，踏踏实实地提升自己的生产力，然后投入时间来赚钱，这是更靠谱的选择。

关于学习与成长的时间：在经济条件好的时候，适合投入时间学习，在经济条件不好的时候，更值得投入时间来学习，多进行内修，等待机会出现时更好地把握机会。

关于投资资产：如果确定是一个好的、值得的机会，比如值得的房产，可以选择杠杆投资，因为个人的成长和增值，未来的压力会慢慢降低，也会享受到杠杆带来的收益。当然，也需要考量自身的还款付息能力、资金安全性等因素。

经过这一天的学习，我更坚定了要做记账这件事，粗糙不要紧，持续记录、持续优化和完善，就会慢慢地对自己的财富蓝图更有把握，进而将蓝图变成现实。

长期主义，终身成长，做人生的主人，做财富的主人。

和时间做朋友

什么是和时间做朋友？

在我看来，与时间做朋友是：

面对当下的问题和挑战，生活在当下的生活中、体验当下，同时又在生存基础上求发展；

是力所能及地做到极致，是在长周期的时间坐标轴上，复利成长；

是关注未来、着眼未来、规划未来、预演未来，处理好当下之事的同时布局未来、为未来做准备；

在未来的某一刻，我们会发现，当下的问题和挑战已经在之前做好预案和准备了，我们需要做的，只是等待那一刻的发生而已。

语写和时间记录正是帮助我们和时间做朋友的工具,无限地畅想、规划、计划、预演,将未来细化,让未来变得更清晰。

未来已来。

能想象到的，
就有可能发生。

时间合伙人

Rox

▸ 身心灵成长践行者
▸ 能量调频咨询师
▸ 前 500 强企业人力资源行业从业者

面对自我,创造新我

答案在自己身上

怎么选择工作?怎么生活更有成就感?

我作为一个已毕业 13 年,招聘工作经验已有 12 年的人来回答:答案在自己身上。事实上,像我这样有过 2 次被辞退,2 次被裁员的人的回答,你觉得有说服力吗?

现在感到庆幸的是,辞退发生在刚工作的前几年,虽然那时候的我并没有这么觉得。

我第一次被辞退是毕业后第一份工作,离开那天记得不经意听到同事说:你刚来的时候很阳光呀,看看工作都把人折腾成什么样了。他人的随口吐槽,却意外让我记住了"阳光"这个评价,这对一个内向了 20 多年的人来说感觉很难得。

我的第一份工作是招聘，对于沟通能力要求比较高，比如，彼此认知是否一致？表达方式能否相互理解？讲出来的话能否让对方懂得？对方没有讲出来的，自己能否意会？对方没有表达的，能否在合适的契机提出合适的问题？那时，我对沟通还没这么清晰的认识。"经年累月"内向的自己，更愿意将工作的偶尔顺利归结为运气好，将工作的不顺利归结为自己不够好。被辞退就是自己不够好的明证。

那时我的状态极差，白天透支外向，晚上熬夜不想面对新的一天，被辞退的经历又加剧了我的内向。不过现在来看，感恩那时候的我把任性、固执，释放了那么多，体验到当世界和想象得不一样的时候，只沉迷想象，直接去碰壁现实世界是什么样。

那时体验到太多绝望。招聘工作对稳定性要求较高，再看自己前 4 年 4 家工作单位的履历，总觉得人生无望。自己无法想象，30 岁在做什么，40 岁又在做什么？尤其是，招聘工作薪水不高，这样的工作都做不好，还能做好什么？持续的自我否定，令我无法想象自己能做成其他事情。

直到 2016 年年初，在经过了一年多不做招聘工作的日子后，我决定重新从事招聘工作。那时我莫名地相信，只有做招聘才能有工作，才能活下去。

相信就能做到，尤其没有退路的时候

从哪里跌倒，就从哪里爬起来。从 2016 年开始入职两年多，我成了团队招聘工作的主力，哪怕工作中还是有很多挑战，但是可以独当一面了。比如负责招聘没人愿意干的岗位，有过"联系 100 人，入职 1 人"的数据，哪怕 4 个城市的同事都来支援，我负责的工作的数据结果都是最好的。我也成为最被需要、最灵活的人员，是前期唯一的入驻客户现场的招聘人员，我曾听到其他同事提到时说自己"真惨"。

投入越多，收获也越多。2018 年，我终于有了些底气，在两年薪资涨幅 500 元的时候，开始为涨薪观望外部工作机会，也得到了涨薪超 60% 的工作机会。我开始相信，想做，就可以做成。

同时，我一直探索自己新的可能性。我于 2018 年年底遇见语写，助力了自我看见。前 3 个月的语写作业都是当天睡前开始，写的时候昏昏欲睡。后来我才意识到，这是不想面对自己的表现。

原来，我不想面对自己，不想看见自己的一丁点缺点。哪怕别人都可以看见，只要我看不见就可以当作不存在，像鸵鸟一样，把头埋在沙子里，看不见任何外面的情况，活在自己想象的世界里就好。

语写让我体验到，看见了，自己不愿意看见自己，就已经是

一种深度地看见了。 就像是内心有一个一直被回避的、委屈的自己，开始重见天日。

在自我面对中，我经历了太多次泪流满面，也体验了很多释放，还看见了很多未被觉察的内在冲突。比如相信人要诚实、要灵活，那为什么耿直会被批评为不够灵活？以及"见人说人话，见鬼说鬼话"时，又担心做得不对？无意识的部分在影响着现实。当无意识开始被看见时，人也有了新选择。

还记得一次练习，做和 80 岁的自己对话，当想象出 80 岁的自己时，我瞬间泪流满面。原来，我不相信自己能活到 80 岁，而此刻我意识到了这一点，并且跳过这个想法，直接将 80 岁的自己想象出来了。毕竟，**能想象到的，就有可能发生**，不是吗？儒勒·凡尔纳说过："**但凡人能想象之事，必有人能将其实现。**"

再安定也会翻篇

2018 年开始的工作，最终在 2020 年以裁员收场。裁员前，我是客户亚太区的招聘负责人，我们招聘团队也收到过客户的口头和邮件赞许。这两年中我经历了很多：风格不一的同事间的磨合；不同立场相关方之间的冲突；跨地区合作……还有很多本可以做得更好的地方。但自己似乎更有底气了。

职场危机从没远离过。2020年6月我被裁员，在接下来两个月里，没有一家公司要我，当我越来越自我怀疑时，9月，我入职了新公司。回想起来，这仿佛是命运的一个有趣的安排：赔偿两个月，休息两个月。那第三个月呢？开始干活。

新的工作在2023年3年合同到期时，公司不与我续签了。哪怕我每年都是招聘交付的核心人员，也不得不面对市场变化、行业变化和客户及自己公司的变化。合同到期不续签似乎也不意外。2023年9月2日是合同最后一天，但那天是周六，所以9月1日就是我在公司的最后一天，这个日期仿佛在给新的岁月一个"开学提醒"。

这时的自己，已经做了4年时间记录，有工作时间占比32%的记录，也有不愿意看见更多记录的状态。没关系，我有经验，慢慢来看。

投入自己，永远都值得

值得一提的是，过去遇到问题，我难过的同时也在找解决方案。2018年的语写，2019年的时间记录都延续至今。我还曾尝试利用各种工具了解自己。13月亮历咨询师、预言游戏咨询师、零极限践行者、Isha瑜伽爱好者、阿卡西解读师等称呼，都是我努力找答案的证明。

2023年2月底，我开启了公众号"鸡汤肉"的日更，以及瑜伽每天至少一次的不间断练习。截至写这篇文章时，公众号已经日更393天，瑜伽也练习了392天。

公众号日更时，形成了"日日是好日"栏目，是日日是好日子的真实记录。毕竟，除了工作动荡产生的情绪外，在日常生活里其实有很多美好。与其沉浸在负面情绪里，不如去发现、去记录生活的美好。主观感受美好的同时客观记录下来，这就是一件美好的事。

"日日是好日"专栏，有10条"今日喜悦"和10条"今日夸夸"的部分。喜悦，记录纯粹的开心，可以是因为自己或因为环境。夸夸，是各种点赞，可以各种角度夸自己：做到了，夸；没做到，但意识到了，夸；能遇到好人好事，继续夸！

赞许带来滋养。切实的认可更需要言之有物，最真实也最便捷的方法是从时间记录里看。有时简单的一条记录，可能描述的是非常深刻的变化。赞许可以在文章里被记录，也可以用语写来一次酣畅淋漓的对话和探索。同时，我觉察到，现在的自己比过去，能更敏锐地感知情绪。对于能否接纳情绪，自己要做的功课还有很多。

每件事情都有正面的意义

在过去的经历中,我体验了很多负面情绪,现在看,经历过的事自有其正面的意义和价值,不置之死地,不易触发"生"的动力。感谢遇到的所有人和事,给予了我契机和陪伴。也许有些事情、有些工具只是帮忙加速获得更多的人生体验,而其中,做决定的自己更重要。

感谢自己主动地自我投入,感谢自己一直以来的坚持。虽然现在我还没能达成理想状态,但**能看见自己的真实状态,就值得认可了**,不是吗?

愿意为自己负责,就有机会买单

最近我又处于一个新的时期,没有就业,没有太多收入。在尝试给自己创造职业时,面对赚钱,我似乎行动力不足,尤其如果是高目标,会有迟疑。追根究底还是自己不清楚为什么要赚很多钱。

有疑问就有答案,在我的周围阶段性地出现了各种各样的答案,有些心动,有些合理,但到目前为止,最让自己有力量的是:

看看我能为这个世界做多大的贡献。

赚钱是因为能创造价值，提供贡献。一个人赚钱的多少和创造的价值强相关。

当我越来越正视"我到底能对世界产生多大的价值"这一命题时，很多变化发生了，比如，创建社群。在这个过程中，也发现自己在切实给他人提供价值。

还有这次意料之外的出合集书的机会。**真实是有力量的。** 真实的自己，值得尝试被表达、被分享。哪怕此刻的自己不完美，但越来越能和自我相处的自己，越来越接纳自己的这个过程，也值得写写看。

当一个人有一个问题的时候，说明很多人有类似的问题。同样地，当我开始解决我的问题时，这件事情本身，是否能对他人提供帮助呢？在写的过程中，自我又经历了深刻的看见，也通畅了一些，也许这就够了。**当一个人通畅了，这个人的世界就通畅了。**

让自己变得更好是解决一切问题的关键。

时间合伙人

能量姐白菜

▸ CFP 国际金融理财师
▸ 高级财富管理师
▸ 坚持语写 1000 余天

自我修炼手册

我是一名快乐的职场人,每天都激情满满地迎接每一天,我的能量感染着身边人,同时也让我越来越强大,而我深知,**让自己变得更好是解决一切问题的关键**。我也曾和大家一样迷茫过、无助过,而幸好有语写、阅读、时间记录、人生规划一路相随。学习剑飞体系,让我越来越有力量。

前几天,听到瑜伽老师说我近期的练习越来越有力量感了,瞬间让我明白一点,**凡事都需要一定的时间**。我最开始报名的时候就问老师,我练瑜伽究竟有什么好处?老师说都很好,但是关键在于你自己有没有练习,如果没有练习,报名可不等于就学会了,并且要持续练习,效果才会发生质的改变。这不就是长期思维?经过两年的瑜伽练习,我终于有了改观,不再是以前那样身体不协调，过于僵硬了。

语写也一样，最开始我也一直追着老师问，语写究竟能给我带来什么？老师说每个人的收获是不一样的，要看你自己怎么使用它。**只要开始写，就会慢慢有收获**。4年过去了，我真的感受到了复利效应，而我主要是把语写作为我梳理情绪的工具，每天早上起来就把自己的情绪梳理一遍，不好的情绪会因为适当地清空自己而消失。语写真的是很神奇的利器，这也是为什么我一直能有激情的主要原因——坏情绪都被清理了。另外，要想持续语写，输入是必不可少的环节，所以这也无形中推着我去阅读。

阅读让我们的思想更通透。同事和领导都评价我，想法很通透。我觉得这主要是阅读带来的，看销售的书籍让我明白，要想持续出产能，数量翻倍是一种解决方案；看名人传记让我感叹，我们现在遇到的问题，名人们也都遇到过，关键要看是怎么度过的。书籍看得越多，心里就会有更多的共鸣。我经常会给大家推荐书籍，因为我就是受益者，而剑飞阅读就是我坚持的力量。

人生规划线下课让我们对不确定的未来，做一些确定性的安排。这让我对"人挪活"有了很深认识，以前觉得待在自己熟悉的地方、熟悉的环境下工作会很好，其实慢慢地我发现，过于安逸不是很好的事情，只会让自己逐步走下坡路。每个人都会遇到人生的瓶颈，遇到瓶颈时其实换个岗位或挪动一下位置都会产生极大的新鲜感，产生继续奋斗的勇气和耐力。

慢慢地，我会发生一些思维上的改变，**一旦思维发生改变，成长就是看得见的。**

思维先行　结果自来

积极主动到哪里都适用。近期干成了一些事，每当有小伙伴来请教时，我都会说其实就是因为我们早开始行动了，早点开始做比什么都重要，毕竟**想是问题，做才是答案**。只有开始做了才能知道这个过程中究竟会出现些什么问题，再去解决，而不是一开始就想着问题。问题太多了迟迟不开始行动，最后就什么任务也完不成。

但是只要我们开始行动，把动作做到位，结果肯定是好的。因为**聚焦在事情本身，定好目标，锁定产品，找客户，标准到位，就会有成效**。

要拥有长期思维。很多时候我们太关注当下，太关注短期发生了什么，给自己带来了什么，而不抬头看看未来，这样容易陷入短期的烦恼中。

现在大家都觉得工作很辛苦，压力也很大，大部分的伙伴会产生负面情绪，觉得这不好、那不好，这不公平、那不公平，每天都不开心。但是如果给自己定个目标，未来3年的发展方向，或者看得远一点，当下的处境只是当下的，未来肯定会比现在好，多用未来视角看问题，就会释然很多。我们需要不断给自己做减法，多看长远，世界其实很美好。

我经常会跟新人说，当下对大家来说，不是索要，而是要多付出，试错成本低，多关注自己能学到什么，不要被现实折服。来到新的岗位就是来磨炼的，如果不给自己一些时间，又怎么能显示出自己的耐力？更何况未来的我们肯定会好于现在的我们。未来我们会成长，对环境也会越来越熟悉，一切都会越来越好。

其实我也一直在想，很多的不顺走着走着也就走过来了，未来的蓝图还是要在心里想象，**只有心有所想，梦想才会有实现的那一天，**如果想都不敢想，是绝不会实现的。很开心我心里所想都在慢慢实现。

我经常跟大家说，我看每个人只会看他的优点，这样我就吸收了很多优点，给自己带来更多的能量，并且会以学习的心态看待任何事情。比如，客户拒绝了我，我也会很感谢他，为什么呢？因为他拒绝了我，让我有动力去学习更好的表达方式，无形之中我处理异议的能力提高了；比如，工作中听到的各种成功经验分享，我一定会专心领会其精华，给自己储备知识库。

关于工作和家庭的平衡

一定要相信氛围感染氛围，自己的言行一定会影响到孩子的举止。我平时使用阅读工具，扫码阅读会吸引人坚持下去，我们家宝宝现在看书也会去扫码，真的很神奇。

因为有了时间记录系统，丢失的时间慢慢被找回。我们每天不管有多忙，一定会有时间空洞，一天工作 12 小时以上的我，通过时间记录发现，我的语写阅读最佳时间在早上，那我必须得早睡早起，周末也一定要抽出一部分时间来，才能继续保持这个习惯。

习惯的养成不是一蹴而就的，因为中途很容易放弃。拉长时间来看，决定这件事要做 5 年的就不用去担心中断。我也会因为忙碌而短暂性中断，但是我会立马重启，不会遗憾，只会珍惜眼下，抓紧开始。

而养成好习惯的最佳方法就是在固定的时间做固定的事情，养成习惯后，这个时间不做这件事情就会不舒服，这就是习惯的力量。剑飞老师常说数据反映行为，我们每年的语写字数、时间记录、记账都能用来做分析。特别是比较忙碌的时候，看看自己的时间分析：如果一段时间运动数据太少，那身体会出状况；如果没有阅读数据，思维就会受限。这些都是我保持下去的源泉。

在生活上，我始终保持积极向上，不被眼前的困难所阻挡，时刻开足马力向前，抱着"工作就是为了更好的生活"的理念。在工作中，我非常耐心地解答大家的各种疑难问题，为身边人带来快乐和希望。在行动上，我通过每日阅读来寻找力量、通过每日语写1万字来记录工作，通过不断复盘来更好地前行。我用很多好的习惯影响着大家，形成一股无形的向上的力量影响着周围人。

稻盛和夫曾经说过，**人生比较好的结果 = 思维方式 × 热情 × 工作能力**。思维方式的改变会让我们打开新的一片天，看到更大的世界。**种一棵树最好是十年前，其次就是现在。**我始终相信文字的力量会感染人，通往成功的道路有很多条，而自己有能量地向前是最佳的一条，不需要外界的援助，不需要外界的刺激，我们每个人都能迸发出内心的力量，解决目前遇到的任何问题。

年轻的时候一定要多积累，多想想未来3年的规划，多提前去考虑一些一定会发生的事情，比如职业规划、子女教育、养老规划等，越提前准备越好。在十余年的从业生涯中，我接触过很多高净值客户，客户年龄从十几岁到90岁，人生长河的每一个阶段在考虑什么事情，要做些什么打算，会遇到什么问题，我非常清晰。

同时我也帮助无数小伙伴走出职场困境，找到新的希望。我也常常问自己：究竟内心是一股什么力量，让自己这么有力量地前行？仔细想想好像就是人生比较顺利，父母性格乐观，有叔叔作为榜样，职场上有优秀前辈指引，学习上有剑飞体系加持，家庭中有家人支持。而阅读、写作一定是普通人成长的最佳路径。

很多道理大家都知道，而从知道到做到，就是改变的开始。愿大家不要徘徊在当下的困惑之中，要走出来，换换角色，换换平台，做一些曾经没有做过的事情，积极面对困境。

改变自己是解决一切问题的关键。

> 因为做到,所以相信;因为重复做到,所以自信。

时间合伙人

李琳艳(淼勤)

- 时间记录 7 年
- 语写 300 万余字
- 国学老师

时间记录与我偕行

当敲下这段文字的时候，我的内心有种深深的自豪感，因为如果你问 2023 年的今天我在做什么，打开剑飞时间统计 App，只需 3 秒我就可以告诉你去年的今天我去了哪里，见了什么人，做了哪些事情，有什么成果，甚至三餐吃了什么，和谁吃的，晚上几点睡的，早晨几点起的……就像一部文字版人生一日纪录片。

不仅如此，我还可以告诉你 2022 年、2021 年……最早可以追溯到 2017 年的今天。

很多人都提到回溯过去的记忆，站在一个观众的角度，再次审视过去的一幕幕人生经历，你可能会对发生过的事情有截然不同的看法和感受。过去因为记忆的模糊，留下的文字资料多是对单个事件感受的描述，内容最全面的也就是日记，里面记录了当天发生的自己觉得很重要的事件，然后附上自己的主观感受和种种看法、想法。

但一天每 1 个小时都不是孤立存在的，不论这种主观描述有多全面，都不可能 24 小时全覆盖，因为毕竟在吃饭、睡觉的时候，大概率是无法进行记录的。

经书里提到阿赖耶识，它就像一个全息行车记录仪一样，在你出生之后把你所有的言行举止、所思所想所感都统统记录下来，直到生命终结。**在生命的最后时刻，脑海中会像走马灯一样，把你一生的种种经历播放一遍。**

此刻看着剑飞时间记录 App 上的记录，这就像我自己主动记录下来的不完整版阿赖耶识。借由每一条时间记录的简短文字，很快就可以调取出深层记忆，甚至还由此联想到其他关联的事件，脑神经网络的连接一下被激活了，借助这些数据我突然发现原来记忆力还在线。2023 年 1 月，感染流感以后，我就觉得自己的脑力、体力大幅度下降，但是借助时间记录 App 这个利器，我依然可以清晰地回忆起很多事情。

过去的数据看得越多，越会有种感觉：当初如果把事件描述栏写得再详细一点就好了。

时间记录这件事情是通过剑飞老师的博客了解，并自己记录的，内心隐隐觉得这件事情很特别，应该做下去，但对于做多久，做到什么程度，想达成什么目的，都没有想。现在看来即使想也想不出来，因为想不是凭空的，而是在做的过程中引发的。意义、目的也不是在一件事刚开始做的时候就能明确的，而是在一小步一小步前进中逐渐清晰的。

2022年，觉得人生渐入佳境的我摔伤了脚踝，在家疗养了3个月后，我突然意识到在不用承担家庭责任、不用外出工作、躺在床上让人伺候的这100多天，实现了时间自由的我，用时间做了些什么呢？

我终于看清了自己——不是各种人生角色占据了我的时间，让我迟迟无法实现梦想，而是我压根不会使用时间。这种感觉就像一个装满了钞票的人，最后囊中空空，问他钱都怎么花了，得到些什么？他一脸茫然。

从那时候起我痛定思痛，联系剑飞老师，要做时间记录。这里面潜藏着一个认知：我过去不会管理时间这笔巨款，报了很贵的课程，意味着我以后就会善用时间了，把时间安排好了，成果自己就来了，价值感和意义感也就自然来了。这就是"付费＝我会了"的幼稚想法。

2022年，剑飞老师的目标是达成1000场直播，我觉得自己赶上了好时候，因为之前几年老师都是不太公开做免费推广的。

我的理解是，剑飞老师的时间很值钱，他不想在没有产出和效益的事情上花费时间，还有很多学员需要他去服务和跟进，只是每天看语写学员的作业已经是非常大的工作量了。

我正式开启规范化的时间记录，这时市面上已经有《时间记录》等好几本书出版，学习更加便捷，不用再查博客收藏阅读了。

很多人觉得第一本《时间记录》前面写得太枯燥，简直就像App的详细操作界面说明一样，但是我对此甘之如饴，因为过去按自己的理解做时间记录做了5年多，越来越觉得它成了不得不写的流水账，食如鸡肋，弃之可惜。

从第二章时间分析开始，我的面前打开了一扇全新的大门，原来数据的记录是为了分析、重新规划，最后实现时间增值。意义感、目标感一下子就有了。

当我自满于事件描述已经变得更细致，记录的意识已经能做到完成后就点"+"时，观看1000场直播学员连线分享，我发现天外有天人外有人。除了一个厉害的老师，一群脚踏实地干的同学更是巨大的宝藏。有人把《时间记录》这本书读了6遍，还做了几十张阅读卡片，拍了上百条金句短视频。有人通过对时间记录数据的分析，对时间结构进行了调整，生活模式发生了很大变化，改掉了晚睡晚起、拖延、不愿读书等种种问题，这些也同样是我的卡点和困惑，已经有好多人通过时间记录做到了，达成了。

有些事情只有在你亲身经历了每一个环节之后，才能感受到老师的文字的含金量，一字值千金，现在我隐约能理解了。

现在我正在尝试用朗读的方式重读《时间价值》，尝试用不同的读书方式更好地理解书中的内容。

时间数据分析是我过去最头疼的，随手记账可以，但对做饼状图、条形图等各种数据汇总的报表，要分析出哪些做法是对的，哪些下次要调整，我内心是排斥的。因为那要面对惨淡的现实——我依然没有变成理想中的自己，没有像剑飞老师那样，依然不自律。

尽管如此，我的时间结构在鲜少分析的情况下还是渐渐地改变了。

比如阅读，我不再是想看多久就看多久，不想看就不看的随意任性，现在我每次阅读前填写事件描述，明确这次要读几页，阅读速度是每页几分钟。仅是这个小小的记录方式的改变，就转变了我过去对看书的畏难和随意的态度。这样的微小目标，每一次设立、达成或失败，都是一次最小的反馈循环。不想读书，但为了统计数据好看，每天早起洗漱前先在阅读App上打卡1秒钟，这个微小行动的不断持续都让我越来越有自信，体会到行动是可以由我做主的。过去被几十年的习惯、当时的情绪感受、脑海里蹦出来的念头等支配的人生，好像慢慢在回到我手中。

因为做到，所以相信；因为重复做到，所以自信；因为看到社群里那么多小伙伴做到了，所以坚信，并忍不住想让更多的人知道这件有意义、有价值的事情，想和越来越多的人共创时间这部伟大的作品。

时间记录的意义和价值要通过做成另一件了不起的事情才能体现，就像柳比歇夫是因为大量的著作和专业成就，让人们对其高产背后的方法产生了好奇，才知道了他的时间记录法。

我对时间记录的信心源自在它的帮助下完成了 300 万字语写和多次语写马拉松挑战，在这个过程中还慢慢锻炼出了流畅的表达，甚至还改变了几十年来无法顺畅发音的一些字。

巨大的转变不是突然出现的，而是日复一日地做成小事，积累到足够的时间，自然显现出来的。

虽然很少分析自己的时间结构，但我内心深处其实慢慢有了一种渴望——我如何让自己的时间更有价值？如何检验我在社会中的价值？因为在时间记录 App 中，每一笔时间支出后面都有它的价值，这种数字的量化潜移默化中让我对时间的价值有了思考。作为一个全职妈妈，把所有的时间奉献给家庭和孩子很好，但有没有一种可能是，我也可以协调好职业和家庭，重新进入社会，找到实现我理想的途径——帮助更多孩子更好地成为自己。

神奇的是，我的梦想成真了，受朋友邀请我成为一名全职国学课老师，一步迈入职场。

生活状态的切换、新鲜领域的接触，并没有影响我的时间记录体系和动作，忙乱的生活中我依然能够每天用1%的时间记录生活的经过，尤其是合伙创业过程中的各种矛盾、摩擦，虽然心里很内耗，但每次我都能在记录时间描述的时候，短暂地从事情和情绪中抽离，客观地描述发生了什么。

我也发现了在家做全职主妇时的低效率和不必要的时间消费。数据说明一切，当先生苦口婆心地劝我做点事情时，我才明白他的良苦用心，看到了他在背后一直以来对我的默默支持和包容，也体会到他身在职场的不容易。

当朋友说在她身边我是唯一一个能持续学习10年的人时，我惊讶地发现自己已经从过去那个做事只有三分钟热度的人变成了别人心目中持之以恒的不懈前行的榜样。同事翻看我的百科全书一样厚的年度时间记录时流露出了钦佩的目光，我终于明白什么叫**"动作到位，结果自来"**。

我知道这样的体会还很浅，但是在时间记录的加持下，我对未来越来越有信心，我只需要把能力范围以内的事情持续做好就可以，每一次的终点就是下一次的起点。

如果穿越到未来，我想对2064年的自己说，时间记录值得，语写值得，我经历过的每一天，都值得。

> 100% 的坚持比 99% 的坚持容易得多。

时间合伙人

胡奎

- 《高效办公 Office 教程：让你从此不加班》作者
- 微软 MOS 国际认证大师、PPT 高级定制设计师
- 《语写高手》合著作者

一套行动方法论 + 六条成长心法，打造成长飞轮

截止 2024 年 3 月 18 日，我已经连续不间断语写 2084 天，完成了 8500 万字。为什么一件事情能持续做 2000 多天？因为太值了，停不下来！先盘点一下语写给我带来的改变。

首先是利用语写，我只用 21 天完成了《高效办公 Office 教程：让你从此不加班》的初稿，并且在 2019 年顺利出版，获得了读者的一致好评。其次是在语写加持下，我顺利开发了 Office 系列线上课程，学习人次超 100 万，顺利开启副业：PPT 高端定制设计和 Office 效能培训。最后是生活与工作平衡，幸福喜乐。摆脱了看到什么都想学的心态，朝着自己定下的目标清晰稳定地前行；早睡早起，适度运动，身体健康，行动高效，做的事情一点没少，

效率还提高了；有时间陪家人、陪孩子，记下所有人对我的每一分的好，不断活出更好的状态；顺带着实现了赚钱小目标，目前已经50倍赚回语写所付的学费，还在持续快速增长中。

在语写中，我总结出了1套完善的行动方法论和6条必备成长心法，让我在行动时既能轻松淡定，又能专注高效，还能持续产出成果。

一套行动方法论

1. 目标要清晰且稳定

很多人都知道行动重要，但问他具体怎么行动，他可能会说不清、道不明。想要行动有效，关键前提是制定清晰无比且稳定的目标。首先，目标要足够清晰。我们来感受一下不同的目标：（1）今年我要赚大钱；（2）2022年12月31日前，我要通过PPT培训、定制、海报设计，赚到15万元。第一个目标太模糊。什么是赚大钱？怎么赚？截止时间是哪一天？模糊的目标没办法给你一个稳定的焦点。就像射箭的时候，看不清靶心，还怎么玩？其次，目标要非常稳定，在达成之前不要轻易改变。不能今天状态好就调高，后天状态不好就调低，因为这样来回拉扯，能量会涣散。

2. 不要等待，马上行动

很多人说："等时机成熟了再行动。"但是，再等等 = 完全不做。还有人说："不了解怎么行动？需要先思考清楚再行动。"很遗憾，对于一个陌生的成长领域，往往就是没办法提前了解，越想越混乱，会下意识地不行动。

换个角度想，如果先行动起来会怎样？你会获得非常宝贵的体验，还能总结出非常有益的经验。很多事情做起来的感受是：远比自己想的要简单嘛！因为行动之后，才知道是怎么回事，才知道如何调整，思考也会自动启动。这次不再是空中楼阁式的"思考"，而是有了经验和感受之后的精准校正。马上行动起来吧，在行动中思考，在行动中调整，在行动中提升！

3. 尽一切可能降低行动难度

要想尽一切办法简化行动。一个反常识的认知是：任务是不能被直接执行的。比如准备一场演讲是一个任务。在完成它时，实际上是拆分成了几个行动：确定演讲主题；梳理演讲内容大纲；充实内容；写出逐字稿；提前演练；等等。只有行动才能被直接执行。

怎么判断一件事是不是行动？我自创了 30 分钟法则：一件事，你不用想就能知道怎么做，且能在 30 分钟之内搞定，那它就是行动。如果你发现 30 分钟搞不定，那它一定可以进一步拆解。

我在写《高效办公 Office 教程》这本时，一共列了 500 多个行动，把复杂的任务变成了许多个简单的行动。我清楚地知道，只要这 500 多个行动完成了，最终成果就会自动达成。

4. 用惯性来驱动行动

每天刷牙是不是你的下意识行为？为什么这个行为可以轻松持续？因为已经成为习惯。习惯是可以培养的，习惯养成后，到了某个时间节点或者场景，就会自动触发。习惯的养成有两个重点：第一，重复的次数足够多；第二，尽量把习惯和时间绑定，每次都在同一时间重复动作，更容易养成习惯。习惯一旦养成，只要你不刻意破坏它，就能自动持续，会给你很强的驱动力。我习惯在中午的时候进行语写，所以每到中午，如果不进行语写就浑身难受，如果你也达到了这种程度，说明习惯已经养成了。

六条成长必备心法

1. 投资自己，百倍回报

最有价值的投资是什么？巴菲特说，最有价值的投资是"投资自己"。用什么投资？上文说过了付费，但付费只是第一步，更重要的是要投入时间和注意力。每天的语写，让我们有时间好好和自己独处，暂时脱离当下的状态，从更高的维度来观察自己，帮助我们分析当下的困难，梳理行动方案，规划想要的未来。如果每天都这样做，就会明白很多事情的底层逻辑是相通的。你在语写上能做到持续，就可以轻松把这种持续的能力迁移到事业上。目前我已经把持续的能力迁移到我的事业中，并有了 50 倍回报。

2. 聚焦一件事，设立远大目标

复利被誉为世界第八大奇迹，但是怎么才能产生复利？你需要把时间持续投入在一件高价值、可积累的事情上，具体方法是设置一个远大的目标，这个目标不是短期内能达成的。远大目标有两大作用：一是领航作用，远大的目标就像一座灯塔，持续照亮你前行的方向。即使有时候不小心陷入迷雾之中，只要你抬头看看灯塔的方向，就知道接下来如何调整。二是聚焦作用，朝着一个目标努力，才能够让行动结果快速产生积累效应，才有可能缩短从量变到质变的时间，真正获得成果。因此，设定并盯紧你的远大目标吧！

3. 积极主动，关注机会

很多人说自己从没有遇到合适的机会。但是这是真的吗？以语写为例，不了解的人会说，语写太贵了，语写太难了，我做不到怎么办？他们把注意力全部聚焦在"障碍"上。忘了去想，如果我持续做这件事情，会给我带来什么"机会"？"机会"总是伪装成困难，让你望而却步。但是困难其实是成长的阶梯。当你迎难而上的时候，你会发现并没有想象中那么难（相信我，真的比你想象中的困难小多了），你需要做的就是下定决心，做出选择，然后持续开展行动。**每一次迎难而上，都会把"障碍"变成"机会"，让你的能力大幅提高。**

4. 成长，创造机会

上一条咱们说了要抓住机会成长。其实当你大幅成长之后，机会反而遍地都是。因为能力弱时，没办法创造大的价值，也没有能力建护城河，你会处于一个超强竞争环境之中。当你成长到一定程度，竞争者就呈指数级减少，高端人才的需求却一直存在，这时的你能满足这些需求。看，机会是不是遍地都是？甚至还会自己主动找上门。这一切的前提都是成长，成长会创造机会。

5. 选择人生目标，而不是去寻找

一个曾经困扰很多人的困惑是：感觉自己找不到人生的方向。这样的说法会让人下意识地以为：人生目标早已确定好，就等着

你去发现。他们总说:"等我找到人生目标,就一定会全力以赴。"可惜大部分人好像花了一辈子在"寻找"。

其实只要明白,**人生目标是自己主动选择的**。这个问题就不攻自破了。既然人生目标不是生下来就定好的,那你怎么选其实都不会错。不如先选一个你感兴趣或者擅长的目标,行动起来并做出成果。如果 10 年之后,你觉得这件事就是你的热爱,恭喜你,你创造了自己的人生目标。如果 10 年之后,你觉得不再喜欢做这件事情也不要紧。因为你不但收获了这件事的成果,还积累了把事做成的经验。再去做其他的事情,会很容易切入。怎么都不吃亏,对吧?

6. 100% 的坚持远大于 99% 的坚持

100% 的坚持和 99% 的坚持哪一个更好?答案显然是前者。哪一个更难呢?答案可能会吓你一跳,**100% 的坚持比 99% 的坚持容易得多**。如果你要做到 100% 的坚持,就不会给自己任何借口和理由不去做,所以你的注意力永远都放在怎么去做上。反观 99% 的坚持,因为有放松的机会,可能一遇到困难,你就会想要不今天暂时先放弃吧,反正后面还有机会。麻烦的是,下一次遇到困难你还会放弃,于是很快坚持率就从 99% 到 95%,然后骤降到 0。

这 1 套行动方法论和 6 条心法是送给你的礼物,希望能对你有所启发。

> 一路走来，
> 发现原来我
> 已经很棒了。

时间合伙人

刘小可

- 机器人公司总助
- 个人成长教练
- 房树人绘画解读师

放松些,你值得拥有一切

我毕业 6 年,搬过 8 次家,辗转过 6 个城市,在 2 家公司做过 10 种工作。内耗几年,我既有对自己辗转多个城市的不满,也有对自己工作频繁变动没有积累的可惜,到如今我终于能告诉自己:**以后无论你得到什么成就,那都是你应得的。**

毕业时我从威海搬家到北京,那时还没有住处,几大箱快递寄到公司,我满心满眼都是期待。我一个人背着书包、拉着行李箱落地北京,出地铁时恰好赶上下雨,两只手都被行李占用,打不了伞,15 分钟从地铁站走到酒店,几乎淋透。这大概是生活给刚进入社会的我上的第一课,但当时年少,初到北京正渴望大展拳脚干一番事业,这些小事实在算不得什么。

刚入职,工作就紧锣密鼓地展开了,而租房还没有着落,我住在公司楼下 400 多元一晚的快捷酒店,白天上班,中午和晚上到处看房。公司在东三环,从窗子看下去就是大使馆。周边地价极高,我再三提高预算,终于找到一个四户合租的 9 平方米的小房间,房租每月 3500 元。

刚入职的日子过得很快,我不断学习各种新知识,由于公司战略调整,我也从入职时的产品助理开始尝试做投资分析师,因为之前有一些功底,所以也算不上艰难。直到公司决定把我外派到重庆。

原计划只外派 1 个月到被投公司协助运营,于是房子我没有退租,还多交了 3 个月房租。而当我带着行李到重庆后,回北京变得遥遥无期。我跟被投团队同吃同住,从零开始学习软件测试,写测试用例,在不同的机型上测试软件漏洞。

重庆的夏天很热,被投公司的 App 刚开发出来时我跟销售人员到处去推销,跟艺术培训机构的员工搭讪,想办法联系机构老板购买我们的服务。重庆的冬天很冷,我穿着羽绒服蜷缩在被子里,心里想着,这一定是我在重庆的最后一个冬天。我始终也听不懂重庆话,身上永远贴着"外地人"的标签。我抽空回了一趟北京,退掉了房子,把行李打包进寄来时的快递箱,重新搬回了公司。创业很难,更难的是以投资公司外派到被投公司的身份融入团队——我不仅是"外地人",还是"外人"。

为了弥补期待与现实的落差,我开始学习很多课程,从教练技术,到年目标,到时间管理,再到语音写作,我以为我可以从众多课程中寻找到走出迷茫的答案,但实际并没有。我从压抑的迷茫,转变为忙碌的迷茫。

在我准备好简历打算换一个城市生活的时候,公司孵化了新的项目:在哈尔滨做精英教育。我带着七分逃离三分期待,决定收拾行李前往哈尔滨。

走之前大家一起去了景区游玩,我找机会跟每个同事都拍了合照——他们只知道我去出差,并不知道那是最后一次见面。回去后的那个周末,我一个人在公司打包行李,把显示器拆开放回盒子,把买的书打包装箱,把借的书物归原主,把两箱布娃娃寄给闺密。在那里生活了一年,公司里、家里一共几大箱行李,连同北京公司里的箱子,我将这些箱子一起全部寄往哈尔滨的公司,快递费花了上千元。

我是极爱抓娃娃的,但频繁搬家的人不配拥有娃娃,出租屋很小,它们只会被塞在箱子里不见天日,偶尔被取出透透风,也很快会因"占地方"被重新塞回箱子。几年里,娃娃大都被送给了朋友们,现在仍在我手上的寥寥无几。

我确实再也没有见过重庆的同事们,他们也是上班后看到我办公桌空无一物时突然反应过来:原来我已经离开了。

之前的经历如果叫作"上班",那从哈尔滨开始便是"创业"。作为合伙人,一切从零开始,没日没夜。我们在不断争吵、磨合中寻找商业模式,在不可能的事中找到可能性,把有思路的事落地执行。创业的难度远高于我的想象,但创业这件事只要开始了便没有回头路。哈尔滨的冬天户外零下30多度,手机拿出来会冻关机,我买了支能转文字的录音笔,在往返公司的路上坚持语音写作。那时候每天只有一两千字的完成率,但也帮助我简短地梳理了思路。

在一个没有吃早饭赶着去公司的早晨,突然胃痛到不能自持,我意识到我的命要比创业重要。也是一个深夜12点我跟朋友吃着烧烤被喊回公司加班的夜里,工作完成后在凌晨3点钟写下了辞职信。我最终选择留下来,或因为董事长几页的回信,也或因为我对这份事业仍有感情。

我们去深圳出差,从上飞机前的零下30多度到下飞机后的零上20度,我第一次体验到了"冬天穿裙子"的快乐,对深圳充满好感。去深圳前,我在哈尔滨租的房子到期了,我又一次把所有的行李打包,搬到办公室。我向来是行李很多的那种女孩,但此时对于搬家已经轻车熟路。

2019年年底,几乎所有人赋闲在家,线上教育突然火了起来。我们迎着风口疯狂扩张,每天都在开新班。那是创业以来最开心的一段时间,每天授课、复盘、早起读书、跟学员互动。在家办公,每顿都有热乎的饭。

五六月时,我们转战天津。像往常一样,我跑了几天终于租到可以让我走路上下班的房子,尽管是楼梯房,我也还算满意。天津的办公点只有我们三两个人,带几个兼职的助教承担中部地区的运营和开班。大家的生活秩序在逐渐恢复,也开始减少在学习方面的投入,我们的招生速度在放缓,也在不断思考新的商业模式。

董事长突然生病,在哈尔滨跟我一起创业的同事也决定退出,CEO将由团队的另一位年长者担任。我发现理念开始有冲突,决策开始变得偏离主线,我们的目标不再一致。我仍然热爱着这份事业,但某一天刷着碗时突然有个念头:要不就到这里吧。

我辞掉工作,这次他们的挽留没能再留下我。我开始着手交接工作,也跟家人透露已经离职。与之前每次搬家时的"奔赴"不同,这次我无处可去。

家人为此很担心,命令我在2天内必须回家。但是我3年的工作内容繁多,还没有做完交接;跟朋友合租的房子,朋友出差在外还没有回来。我白天整理文档,交接工作;晚上回家收拾我和朋友的行李,分门别类打包,缠绕胶带,贴上不同的标签,一部分寄到我家,一部分寄到朋友家。

我收拾完办公桌，看到空无一物的桌面，像是我从来没有来过。我想，领导出差后回来看到该多难过。我一边落泪一边给领导留了字条，告诉他："你是我遇到的最好的领导，没有之一。"我似乎每次搬家都恰好是一个人，一个人收拾，一个人打包，一个人叫快递上门。

办公室楼下的便利蜂是我最常逛的便利店，每天在便利蜂买早餐、买零食、买水果，跟领导讨论便利蜂的运营模式，赞叹他们的开店速度。寄完办公室的东西，我在办公室门口拍了最后一张照片，到楼下的便利蜂买了最后一瓶饮料，最后一次走在从公司回家的路上。

若不是前不久翻开当天的语音写作，我已经忘了有个地方叫"浦口东里"，我在那里住了半年多。那里被我和朋友装扮成了我们心里的家的样子，桌上几瓶不同种类的酒和饮料等着朋友上门畅饮，冰箱里有新鲜的蔬菜和爱吃的冰品，我在那里第一次自己下面条、煮馄饨、做费时间但很好吃的红烧肉，柜子上摆满了调味品。那里的床很软，暖气很足，脚可以直接踩在地上。我打包行李时，发现了朋友买来还没拆封的小锅，还有双十一买的几十斤的洗衣液，有跟实习生喝到半夜的朗姆酒，和跟我从重庆到哈尔滨又到天津的布朗熊。我来不及分清哪些有用、哪些该丢弃，把我和朋友的东西都一股脑装进箱子里、袋子里、盒子里，打算全部寄走。

有一段时间快递爆仓,所有上门寄件的小哥都说这单接不了:楼梯房内大大小小十几袋东西,快递站爆满……我在绝望中叫了货拉拉,企图让司机帮我搬下楼、送到快递站,以便让快递站接收。司机确实帮我一起搬了东西,但也在上车之后多收了费;快递站的确接收了快递,但跟在电话中说的并不一样,表示不能按照重量收费,坐地起价。我傍晚要坐高铁,但还要回去交接房子,面对明显不合理、不合规的行为也毫无办法。我寄完快递打车回家,身心疲惫,躺在撤掉床单的床上,等房屋中介上门。

躺在那儿的几分钟我在想,**以后应该再也没有过不去的坎了吧**。

我在两天内完成了工作收尾交接,打包了在公司的所有物品,快递走了两个人生活了半年多的全部行李,收拾好了房间卫生,交接完房子,跟这个城市告别,坐上了回老家的高铁。

以后的 3 年,我也再没有回过天津,不知道最喜欢的那家便利蜂还在不在。我曾在天津的海河边语音写作,想着前几年我不敢想象自己会有坐在河边的悠闲时光。刚毕业时分秒必争,生怕比别人成长慢一点就被甩在后面;而 3 年后虽然在创业,也终于肯拿出来一点时间给自己,告诉自己"自由才能创造"。

后来的大年初十,我来了深圳,大概是经历过太多城市,我决定先熟悉一下这个城市再决定是否要留下。我骑自行车走过了前海、后海、深圳湾，看着这座焕发着生机、正在生长着的城市，我决定留下来。之前培训的学员给我介绍了师兄的公司，我一待便是3年。

加入公司的第一年是我最低迷的一年，从合伙人到普通员工，从决策者到执行者，从教育行业到科技行业，从运营到市场，一系列的身份转变让我不知所措。我每天神经紧绷，拆解友商的文案，特别想写一篇大家满意的稿件，但收效甚微。我被延长了试用期，扩大了工作范畴，想离开但又不服输的我选择留下来，挑战自己不擅长的领域。

事实证明我做到了，但也决定以后再也不做这种赌气的事，因为这一路太艰难。做了几次出彩的工作后，我被老板挑中转岗做战略，后来又作为管培生轮岗了项目经理，最终定岗在总经理助理，直到现在已过3年。招我来的领导说，"当初看错你了，你认识的创业者那么多，以为你不会待长久"。

前几天偶然打开几年前的语音写作，看到在天津匆忙搬家的那两天也完成了1万字，瞬间对那时的自己充满敬佩。文章打开，看到的是坚韧，是留恋，是满满的不舍。

一直以来，我对自己都有一套严苛的高标准，这套标准横在眼前挥之不去：事情来临时是"不准胆怯"，事情做完时是"不够卓越"，事情尽力而为后是"不够聪慧"，事情偶有差错时是"不够完美"。这套标准使我在很多工作中表现出色，但代价是即便获得荣誉或夸奖，我也觉得那并不该属于我。我小心翼翼地做每件事，如临深渊，如履薄冰，不愿放弃任何一个细节，同时也不愿放过自己。

看到搬家当天语音写作的一瞬，我忍不住潸然泪下，心疼那个身心疲惫地面对一屋子行李不知如何处理的小姑娘，更心疼即便在最艰难的时刻也坚持要完成1万字的我，那个要强的、不肯回老家的、勇敢去创业的、裸辞的、独立来深圳闯荡的我，自始至终都没有变过。

那一瞬，我的高标准似乎突然降低了一点点：一路走来，原来我已经很棒了。放松些，你值得拥有一切。

时间合伙人

语写带着你发泄情绪，挖掘你内在看不见的地方。

芇凡

- 语音写作、阅读践行者
- 创意表达性艺术疗育师
- 国际多元智能教育规划师

语写映照出人生轨迹

"澄清"在语写当中是自我提问的过程,我们经常会碰到很多多次出现的问题,一件事情在一段时间里会重复地出现。剑飞老师也说过,在你不断地重复说的时候,说着说着就把这件事情"说"没了——有可能是说明白了,也有可能是解决了。

女人在一起会聊一些家常,每天可能就聊那些固定的话题。有一天我突然间发现,为什么我每天都讲这个话题?这个话题聊起来好像也没什么意义。我觉察到了我应该怎样去做,自己去面对当下,后来我就没再讲这件事情了,而是想办法去解决。通过解决问题,我把卡在心里的东西放下了。

当一件事情还不能够想得非常清楚明白的时候,每天在语写里面说这件事情,反复问自己这件事情,这就是自我澄清的提问,也像是自我咨询——在每一件事上慢慢地把主体呈现出来。

语写是一个不断言说的过程，想到什么就说什么。我刚开始语写的时候，很不习惯这种写法。就像剑飞老师说的，再写不出来就把七大姑八大姨都写出来。那时候的我还真的是把七大姑八大姨都写出来，后来就看到什么写什么，慢慢地就有了灵感。当一个个想法、一个个故事不断地冒出来的时候，就把它们记录下来。

语写很容易写到自己的过去，特别是写到自己在某件事上有卡点的时候，其实写着写着也会被这个卡点卡住而停下来，进行一些思考或者幻想到另外一个场景去，就像我们讲话，讲着讲着就开始离题，讲到无意识当中去了。

语写是一个不断澄清的过程，我们在语写当中经常会写到一些不明不白的东西，自己听来都感觉莫名其妙的：这句话我没听懂，在这里可以进行一些更深入的思考；我刚才这句话没有讲清楚，那我更详细地去说，包括什么时间、地点，人物发生了什么，心里的感受是什么。在这个过程当中，就会发现这件事情自己原来想得不是很清楚，但你在一遍一遍描述的过程当中，让事情逐渐清晰起来。

这个步骤很像咨询里面的卡点，当你遇到这个点的时候，你需要澄清。咨询师会这样问你：你刚才描述的这段话，我不是很清楚,你能再说一遍吗?其实这是一个开放性的问题,让自己想到了哪些人,又想到了哪些关于自己的经历。当你想到这些的时候,你就会恍然大悟,原来是这样的。其实在自问自答中,我们能更清晰地发现一些问题,再去解决问题。

语写就像自由书写,自由书写源自自由联想,自由联想是精神分析的主要方法之一。自由书写的原理是:无论你想到什么,哪怕是头脑中一闪而过的念头,一些细碎的想法,甚至是让你不舒服的感受,你都把它记录下来。在记录的过程中,不做任何控制,只是纯粹地记录。而语写不仅能够记录,而且会自行地进行发问和把主体剥离出来。

自由书写的精髓是自发和诚实。你要快速而不加评判地记录自由联想的内容,记录的时候把大脑放开,不控制、不斟字酌句、不重读、不修改,放任自己去写。语写也一样,写的时候不看句式,不修改错别字,让自己的想法流畅地从嘴里说出来。

可能有人会提出疑问,这样写有什么意义呢?看起来只是胡写一通,任性发泄而已。请你相信我们人类的大脑,没有意义的事物是不会被你在记忆中联想或回想起来的。当你语写到在路上看到一只蚂蚁,最后写到丢在角落的一块抹布,它们之间必然存在着某种程度的关联。语写不需要分析这个环节,你只需要尊重自己的潜意识,让它带着你,想到哪儿写到哪儿。到最后,终有碰出火花的时候。

语写的时候也会被动停住。在我个人的经历里面，写着写着，包括每天写的1万字练习的时候，也会被动停住。当你被动停住的时候，这个时间有可能是1秒、2秒、3秒或者是5分钟，这个时候你可以在这个节点上去探索，探索你刚才想到了什么，或者哪个场景在你的面前展现，往往这个念头就是你进入了潜意识。

是的，停住也是一个正常的过程，其实自己已经受到了阻碍，如果这个阻碍相当小的话，可以立刻排除，继续语写。当这个阻碍相当大的话，可以找剑飞老师帮助，给予调整。

我就碰到过这样的事。去年我家里发生了一件事，我一直放在心里，各种情绪都出来了，觉得人生特别难，这件事一直像块石头沉在心里，也不好向别人说。那时候的我真的是很悲观，拿起手机嘴巴好像被粘住了不能说话，感觉特别难受。那时我允许自己跟手机说我特别难受，但我说不出来。就这样一句一句话地说，直到新的念头闯入就可以继续往下写，把自己的故事慢慢地写入App当中。可以允许自己慢一点，调整一下自己的频率。

当你去关注这些节点的时候，更容易往内在深处去走，有时候你闪出一个念头，你就往下深挖，可以写出好几万字的经历和想法重构。语写就是进入无意识的神器，一进入语写App就是写作的状态。

如果用语写记录孩子，那家庭所呈现的状态会给你带来很多不同的感受，包括亲子关系。你跟孩子互动的过程当中，为什么孩子会有这样的一个想法或者行为，你把它记录下来之后会发现有令人想不到的结果。

最近我在读书会里面发现很多表面看似很乐观的家庭，但实际上孩子却出现了问题。我们可以每天用语写记录一个跟孩子的互动或者一个你跟孩子言说的过程。孩子内心深层次的渴望是什么？孩子成长过程中碰到了什么？孩子在这个阶段出现了哪些问题？我们根据这些问题去追寻孩子内在的想法，给孩子提供支持和帮助。

通过当天的记录，我们也可以马上觉察我们跟孩子的互动中出现的问题。例如我在记录孩子的睡眠时，发现在我的描述中，孩子经常出现的一个问题是，还没睡到两个小时就起床上厕所，上完又爬上床去睡，可是她睡前已经上过厕所了呀，这到底是生理还是心理的问题？后来在不断地语写当中我发现，孩子小时候经常回老家，睡觉的时候会有猫出现在屋外，她就会害怕。在妈妈没有提前告诉她老家有猫的时候，突然间来到的事物让她没安全感。刚好这段时间是孩子的良好睡眠习惯的形成期，睡眠对孩子的成长非常重要，于是我就采用了先陪伴再慢慢分离的形式让孩子找到安全感。

当我们在记录孩子的不当行为的时候，我们会去参照这个年龄段的孩子会发展的一些行为。如果孩子有不正确的行为，我们加以引导，让孩子走向他想要的位置，也引导孩子主动去探索世界。

樊登老师在《读懂孩子的心》中写道：学会把自己的发飙过程慢慢地记录下来。记录和跟踪是一个有效减少吼叫的方法。通过记录大吼大叫的内部触发器、外部触发器、与孩子无关的触发器和随时增加新发现的状况来觉知自己。当你一次一次地记录自己发飙的过程的时候，你发飙的次数就会越来越少。这跟我们用语写记录的理念是一致的，记录下来才会发现原来自己有这样的行为。

语写像雷达器一样，扫描我们每个人的内在，扫描我们每个人的行为；在看到他人的行为的时候，向内扫描自己内在的感受，让我们主动让行为发生改变。

看见即疗愈，很多时候我们的行为、我们的能力都会隐藏在身体的某个部分不被发现，但有一天触碰到的时候，你会觉得这是一个非常常见的问题，自己竟然常年没有发现。

就如最近发生的一件事情。我家孩子10岁了，能吃能睡，也没有什么异常。有一天我观察到孩子食量突增，就带她去医院检查，结果发现孩子有矮小的现象。我回看我的记录，发现孩子的饮食非常单一，运动的结构简单，运动量特别小，以至于造成身体的生长因子没有达标。在时间记录里面，我们可以看到平衡结构，数据呈现出来的时候去看看数据会不会跟实际存在偏差。在生活中这算是一个盲区，但是当我们有记录之后，这样一个普通的问题就会被发掘出来。当我们发现之后，第一时间对孩子的运动、饮食、睡眠进行了调整，改善她的成长发育。

我们的内在也是一样的，也有凹凸不平的地方，也需要我们去扫描、去看见，当我们看见的时候重新构造我们的思想，我们的行为就会发生改变。

语写带着你发泄情绪，挖掘你内在看不见的地方。 时间记录像显示器，显示着你的时时数据，当数据不匹配的时候，就做一些相应的调整，调整内在外在的平衡。

凡是走过的路，
每一步都算数。

时间合伙人

冯淑清

- "清清還在"公众号主理人
- 终身每日成长践行者
- 追求平静、平衡、平和、平常心的喜悦家

长期主义视角为新晋宝妈开辟新路径

我有一个对外介绍的标签：牛宝宝的牛妈妈，意思是：牛年出生的我在牛年生了一个宝宝。有不少剑飞社群的伙伴问我："是什么原因让你这么年轻就结婚生娃？"大多数时候我会回答："当时缘分到了，家里人对男朋友很满意，婚事很快就定了下来，至于孩子嘛，其实是个意外……"

之所以用"意外"这个词，正是因为在23岁就生孩子并且回归家庭做全职妈妈这件事本不是我的计划。

大学三年级的时候，我的专业其中的一门课程是"大学生职业生涯规划"，我本来就对这方面特别感兴趣，早在大一、大二就经常在网上学习了解相关的知识，了解自己和探索自己的优势，给自己规划未来的就业方向。而正好讲授这门专业课的老师打算开设一个课题项目,便在班上物色合适的人选加入项目当中,我凭借自身的兴趣及出色的表现当选为其中一员。

随后我先是参加校级职业生涯规划大赛获奖,再和项目组的同学一起开办职业生涯规划假期训练营,作为主讲人给师弟师妹们讲授职业生涯规划的理论和实操。那时候我也把自己的职业发展路径展示给大家看:从人力资源培训专员做起,3年后成为培训主管,5年后成为人力资源经理,10年后成为人力资源咨询顾问……当然也考虑过未来结婚生育的情况,写下了"平衡好家庭与工作,时机成熟可生儿育女"这样的话。

或许在当时看来我已经做出了一份满意的规划书,然而我的职场之路并没有按规划书来走。只工作了一年我就辞职回家照顾孩子;完全脱离剧本的"演出"让我一度无法接受,陷入了深深的迷茫之中。我很想继续到职场里发光发热,但是看着眼前可爱的孩子又不忍心抛下。随着时间的推移,我渐渐地接受了这个结果,告诉自己这是"我的主动选择",不再以"被迫牺牲"的消极情绪来面对未来的生活。

时间记录找寻"遗失的时间"

成为妈妈以后，照顾孩子的日常起居是最基本的事，占据了一天中的绝大部分时间，但这些事大多是重复且琐碎的，忙碌一天后发现时间很快就过去了，好像这一天也没做什么。

这样的状态让我感觉很不舒服，觉得自己失去了对时间的掌控感。于是，我想起自己在大学时为了控制玩手机的时间，会用一个 App 做时间记录，这样一天下来花在学习上、生活上和娱乐上的时间都很清晰了。大学期间我连续做了两年多的时间记录，开始实习后我感觉每天大部分时候都是在工作，失去了控制玩手机的时间这个关键目标，时间记录变得可有可无，渐渐就中断了这个习惯。

我找回当年用的 App，发现当年自定义的分类标签和记录都还在，只不过现在我需要按照全职妈妈的日程修改分类了，我把给孩子哺乳、洗漱、哄睡等动作都设置在照顾孩子的子标签里，恢复时间记录才 3 天的时间，我就发现自己轻松、平和了。

原本一直觉得哄孩子睡觉要花很长的时间。记录后才发现，其实只要花 15 分钟的时间就可以把孩子哄睡，之前没有做时间记录的时候，可能哄了不到 10 分钟看她还没睡就觉得烦躁了，实际上离成功就差那么一点点。有了时间记录之后，我们以为要花很长的时间，其实可能只占一天中 1% 的时间。

再后来我发现只记录做一件事的用时是不够的，我还是容易忘记自己做了什么、吃了什么，虽然可以用"一孕傻三年"来掩饰自己的健忘，但我还这么年轻，怎么愿意承认自己像老人一样健忘呢？

我偶然间在朋友圈看到"时间统计 App"，这个软件不仅要记录时间长短，还得把这个时间段做了什么事用文字描述，并且它的标签体系是创始人剑飞老师经过 8 年时间的实战结果打磨出来的。起初我还不习惯用别人做好的分类标签，经过阅读剑飞老师写的书和自己实践体会后，能感受到剑飞老师在过去的 8 年时间里不断打磨出来的标签体系，确实比自定义标签的效果更好，也真正做到了能够经得起时间的考验，即使几十年后我用这套标签做时间记录也完全没问题，可以用它真正地践行长期主义。

之前我做时间记录就发现，照顾孩子一天需要 8 小时，还不包含半夜起来哺乳这些隐性的带娃时间，而阅读时间只有偶尔的 1~2 小时，对比起来显得微不足道，但了解了剑飞老师的时间体系理念后，我认识到：正常工作都是一天 8 小时，把全职妈妈这个身份当作是工作岗位，你就理解了为什么带孩子要花那么多时间。而且，照顾孩子的时间是属于陪伴家人的时间，是投资关系的时间，有助于未来的发展。

从此以后，我在"时间统计 App"上认真记录每天发生的事，让自己的时间有迹可循，对生活的掌控感大大提升，也学会了享受当下可以全身心陪伴孩子的时光，提供高质量的陪伴，获得稳定的亲子关系。

时间花在哪里，反映了注意力在哪里，而注意力在哪里，成果就会在哪里出现。时间看得见，相信时间复利会带来收获。

语写和人生规划描绘"我做主的未来"

离开职场后，我还是会在孩子睡着后偷偷地翻看以前同事的动态，点进公司的公众号看看最新信息，我承认自己有许多的不舍，但现实情况就是我暂时跟职场生活告别了。虽然或许再过几年等孩子长大了，也可以再次回到职场拼搏，可是这个看不见的未来也会让我对重回职场的年龄和能力有所焦虑。

这时候，我的语写导师告诉我："你可以想想如何在这几年里积累能力，让你有足够的自信在未来有机会出现的时候可以牢牢抓住。""现阶段，阅读和写作是你最重要的成长路径。"在剑飞老师的人生规划课上，老师让我们写下站在人生的终点上时这一生取得的所有成就，按照 10 年间隔拆解这些成就的实现路径。

成为全职妈妈这3年，大概率是无法再延续大学时期制定的职业发展路径了，但是这也不过是我人生中短暂的3年，长远来看这一辈子还那么长，我一定还能制定出更适合自己的新路径。

于是在连续语写的800多天时间里，我保持每天跟自己对话，先是通过回忆往事与过去的自己和解，接纳了过去不愿意承认的那部分自我，再畅想未来的画面与未来的自己挥手，把想做的事写进人生规划里，把梦想照进现实。

在第一年学习用OKR（目标与关键成果法）做目标管理时，我每个月制定的OKR都不太一样，总是蹦出新的计划，而想做的事情太多就无法集中注意力在关键成果上，于是到月底复盘发现目标完成度不高的时候，又会质问自己这个目标管理到底还能不能执行下去。

在语写的时候我问自己：为什么语写能连续做，而连续做OKR感觉有难度呢？我想到最开始决定加入语写时便定下了"这件事我至少要做一年"的长期目标，带着"每天都要做"的信念就不会出现"还要不要做"的不确定信号。那么如果制定一个长时间的OKR目标，我就可以专注于关键成果的达成，不用花太多的时间想要不要做。

长期主义者，给人的感觉是沉稳地、安静地做事，不会有太多的虚张声势。他们内心有坚定的声音，自然就很少会被犹豫不决的声音所打扰,能稳定持续地做一件事,别人问他的时候大概会说出这件事他已经做了多少年了。

于是,我在照顾孩子的闲暇时间,保持每日阅读和写作,偶尔让自己做一些"白日梦",把对未来的期待写下来,制定年度的OKR目标再拆解到每月需要完成的部分,保持日复盘、周复盘、月复盘,一点一点地向目标靠近。

未来看似遥不可及,但当你站在未来的那一刻回看过去,便会得知"未来是一种回忆"。**凡是走过的路,每一步都算数**。这条路完全可以按照你所规划的走下去,只要你坚定地相信并且持续地努力。

我认为,**长期主义不仅仅指的是在某件事情上做很长的时间,更是在践行长期主义时的状态和修炼,是极度专注、厚积薄发、面向未来。**

极度专注:瞄准目标后全情投入,从知识上扩展,行动上实践,思维上蜕变,尽己所能去融会贯通已知和未知。

厚积薄发:时间厚度达到5年甚至10年以上的积累,不是断断续续做几年放几年,而是持续不间断地积累,积累到一定程度,才会找到质变点,到达指数增长。

面向未来:敢于探索未来、规划未来,思考已经发生的未来,提前做好关于未来的准备,用愿景使命指引长期行动。

> 寻找自我，
> 与自由相遇，
> 是每一个人
> 的宿命。

时间合伙人

邵毅力

- 北京市观韬（济南）律师事务所律师
- 德邦保险代理有限公司联合创始人
- 首席家族财富顾问（CFWA）

四维人生的规划和成长

前二十年，四维来时路

高度：职场升迁路
——从职场小白晋升到百万年薪高管，再到联合创始人

回首来时路，大学毕业这 20 多年，我从一个懵懂的职场新人，一路晋升到保险公司百万年薪高管，再到裸辞创业，感慨时光流逝，也感谢自己拼搏的 20 年。这些年，我走过弯路，但从未走过捷径。职场新人没有人生规划的战略眼光时，不计代价的拼搏或许能弥补一二。

这些年，我也从未停止个人的学习和成长。在实践中提升管理能力，不断刷新业绩纪录和排名的同时，我通过学习和成长在孤单的职业道路上丰富了人生。而且不断追寻自我，让自己不被外界和他人定义。

那时的我是真年轻啊，不到30岁成为公司县级机构一把手，30多岁成为市级机构一把手，35岁已经成为省级分公司的高管了。保险公司的工作压力大，业绩年年归零，月月归零。市场竞争激烈，监管严格，我只能用"白加黑"（白天加黑夜）和"5+2"（工作日加周末）的方式带着营销干部们"开疆扩土"。

那时的我也真是拼命啊，每周都会带着中层经理开通宵会。经常大会小会讲，"我们要让第二名看不到我们的'尾灯'"。中层经理们也个个都是拼命三郎，经常有人半夜在群里发信息，没有响应、回复的兄弟，第二天都会被鄙视不敬业。

为了维护集体荣誉，我带着团队成员把所有时间都扑在工作上，牺牲所有的娱乐、亲子时间，甚至连总部几次奖励的出国旅游都放弃了，只为赶节奏，打高点。

每一个职业阶段我都全力付出，恪尽职守，也取得了不俗的成绩，无论从职级还是从收入上都达到了高点。

2018年，我放弃一切，跟整个团队裸辞创业。虽说创业5年遇到了困难，但因为董事会前瞻性的战略和定位，公司发展稳健。创业 5 年来，公司横向布局上稳健，在纵向发展上扎根。

我所创立的保险代理公司是中介平台，属于保险经纪行业，也就是寿险和财产险可以兼业代理，各家保险公司的产品可以一起销售。丰富的产品线和团队专业的顾问式咨询服务，可以真正实现以客户利益为中心，满足客户的真实财务需求，为客户规划财富并为客户创造价值。

虽然历经波折和艰辛，公司还是蓬勃地发展起来了。目前第一个 5 年，公司初创阶段已告一段落。2024 年，公司以"取势明道，优术致远"为发展主题开启了第二个 5 年的发展序幕。

深度：专业沉淀路
——专业保险咨询师及执业律师

我从事了 20 年的保险领域管理培训，也跨界家族信托和法律学习。亲自为几百位客户提供专业的保险咨询和财富管理，也多次获得国际荣誉：美国百万圆桌会员 MDRT、世界华人保险大会 IDA 龙奖。

为了更全面地进行保险保障方案的匹配和私人财富管理，系统地搭建财务规划的法律框架，我通过了司法考试，成为一名执业律师。

通过司法考试以后，我觉得自己的精力、记忆力、学习力还是很有潜力的，给了自己很大的再拼搏的信心和决心。

在为客户做保险配置的过程中，我变销售为咨询。**普通人需要保险让自己不至于因病举债，有小钱的人需要保险保值增值抵御通胀，有大钱的人需要保险保障财富和谐传承。**而往往中高端的客户对保险的保障属性、保值属性、法律属性理解得更为通透，主动咨询的概率更大。他最关注的是怎么买和买什么的问题，也对专业最敏感，不再需要对保险业务进行初级的说理和说服。

咨询—信息收集—需求分析—方案设计—合同落地，专业流程只服务于那些有风险意识、想购买保险，但不知如何购买的朋友，重点是认同专业有价值，服务有保证的群体。

宽度：终身成长路，
——阅读、写作、学习、考证、成长

无论管理工作和专业咨询工作如何繁忙，我的学习成长之路从未停止：

2012 年，考上中科院临床心理学在职研究生，开启了心理学的学习；

2015 年，通过国家二级心理咨询师考试；

2017 年，开了职场公众号"力姐开讲"，免费为几百个年轻人

做职业咨询，后来聚焦为保险垂直号，主要进行保险科普和咨询；

2018年，跟着剑飞语音写作，现在已经完成了800万字。语写是自己跟自己的对话，是工作总结、创意纪录、心理疗愈，更是自我陪伴，通过语写可以找到自己的最优途径；

2019年，获得国家生涯规划师（CCP）证书；

2019年，考取家族首席财富规划师（CFWA）、资产持有架构师（A-STEP）、股权传承规划师；

2021年，获得国家法律资格证书；

2022年，尝试入驻视频号，拍视频、开直播；

2024年，开始入驻小红书，并计划出书，实现公众号日更。

虽然工作十分忙碌，开会、出差、应酬、熬夜、带娃，但我仍然每天用早起的时间锻炼、阅读、写作，学习新的知识，利用别人睡懒觉和刷手机的时间学习和提升。

我不想落后于时代，想做一个开放的管理者，想做一个时尚、好学的妈妈，也想做一个"戏路宽广"的专业咨询师。

温度：自我寻找路
——不断靠近真实的自我

寻找自我，与自由相遇，是每一个人的宿命。

孩提时，我们希望获得父母的认同；上学了，我们希望获得老师的认同；青春期，我们希望获得异性和伙伴的认同；工作了，我们希望获得领导和同事的认同。

渴望被认同，是我们在这个社会存活的基本需求。从别人眼里找自己，甚至是我们下意识的反应。

当年的我，年轻气盛，踌躇满志，也是多么重视别人的看法啊。我的业绩遥遥领先，拥有全国第一名的成绩，得到了房子、车子、奖金、奖杯、表彰、业界名声、媒体报道、领导认可、升职加薪。在系统内部开会，走到哪里都是恭维、羡慕、取经的声音。

但当人生有了更多经历，面对更多人性后，你会发现，这些都是没有意义的自我陶醉。事实是，你无论多努力，总是毁誉参半。

因为所有人都是下意识地以"我"和"我的利"为出发点来处理和看待世上所有的人与事。

谁都不能免俗，其实，我也一样。

我们需要经过一些事、一些人，走过一段弯路，才能领悟，人生的意义不是获得别人对你的认同，而是找到真实的自己。找到真实自己的最大意义是，无论选择是拼搏未来还是享受当下，都是自己的选择，这是人生最大的幸福。

心理学专家武志红曾在他的一本书里说：心理健康，是需要付出代价的，而一个常见的代价是——我不再是众人口碑中的好人。

村上春树宣言：不管全世界怎么说，我都认为自己的感受才是正确的。无论别人怎么看，我绝不打乱自己的节奏。喜欢的事情自然可以坚持，不喜欢的怎么也长久不了。

等岁月为你洗尽铅华，素面朝天，或许你才会明白，活出自己是多么幸福和不容易的一件事。

这是一条漫长的路，幸运的是我正走在正确的方向上。我慢慢明白，**只要存正念、存善念、有追求，别人认同与否，可做参考，但无须被指导。**

我唯一能做的是：**尽我所能，遵从我愿。** 如此，我便能经得住胜利，也受得起失败。只是，你如何看待我，已经完全不重要了。

后二十年，四维崭新路

高度：企业1-100
——企业扎根做强

这么多年我一直在管理岗位上，接下来的规划是慢慢从管理岗位上退下来，让有能力的年轻人接棒前行。我将在公司培训、团队规划、发展咨询方面深耕。一方面能继续为公司发光发热，另一方面也为公司创新发展注入动力。

这些年，保险行业的监管越来越严格，900万的保险代理人已经降到200多万；另一方面保险理赔已经连续8年过万亿元，2023年更是达到1.89万亿。这个行业跑马圈地的发展、口碑毁誉参半的时代已经一去不复返了，保险在人身保障、财产保值、婚姻风险规避、财富传承风险规避等方面越来越重要。

我们公司的使命是"我们所有的努力，只为天下家庭的幸福与安宁"，不管是什么家庭，对于幸福和安宁的需求都是一样的，只是实现的诉求和路径有差异，这就需要我们专业机构和专业人士的个性化咨询和定制。

随着中国家庭出生率下降、老龄化现象加重，企业端税务和监管也越来越严格，共同富裕的大基调下，风险管理和财富守护将成为这个行业的主旋律，而不再仅仅是推销产品。转型越早的销售人员和企业，越能在这场危机中胜出。

深度：法律视角的风险管理

——以律师视角的严谨专研家庭风险咨询和财富守护

我个人方面的规划，着眼于家庭风险管理和财富守护，以金融保险的专业人士和法律服务专业人士的双重专业为有需求的家庭或者企业做到未雨绸缪，防患于未然。

保险的基础保障功能是由杠杆属性实现的，品质保障功能是

由保值功能复利计息的属性实现的，财富保障功能是由架构设计和法律属性实现的。不同的产品，不同的方案，适应于不同的需求，适应于拥有不同财富的家庭。家庭资产和企业资产的隔离也将会继续成为热点。

随着自己的年龄、经验、知识、案例的增多，在个人顾问这个领域深入发展是更有价值的，甚至是退休后也可以继续的事业，且做得更从容、更专业、更全面。

在未来的 20 年的人生规划中，咨询类、知识类服务将是我的重点规划方向，从企业管理过渡到专业咨询，是我人生规划的一个重要变化，也是我适应从中年到老年，从职场到退休的一个与时俱进的规划，更是对自己企业的发展有助力的一个规划。

用我 20 多年的保险和法律知识及经验，为客户规避风险和守护财富，实现我职业生涯后半段的价值。

宽度：读书、写作、交友
——持续阅读、写作，保持终身成长

我经常给朋友分享冯友兰的故事：1980～1989 年，冯友兰完成了七卷本《中国哲学史新编》，当时他已经 90 岁高龄，在医院里跟老天抢时间。医生、亲朋劝他休息，他说：我的工作时间有限，未来有的是时间休息。1990 年，冯友兰身故，享年 95 岁。

有人曾经说过：在我最困难的时期，使我重新找回内心平静的生命灯塔，是中国著名学者冯友兰的著作《中国哲学简史》。

阅读和写作是可以保持终身的爱好、特长，当暮色将至，于一个安静的下午，一杯香醇的咖啡，一本心之所往的好书，将是多么美好的时光。

这些年我一直忙于工作，未来的时间，我想跟朋友多见面，多聊天，去看不同的季节，看不同的风光。多陪陪孩子和家人，享受温暖的家庭时光。

40~60多岁的年龄段，经验丰富、精力充沛、心智健全、心态平和，正好是为家庭、为社会做贡献的时候，是不能停止学习和成长的阶段，更要做好新的职业规划和人生规划。

温度：更好地倾听自己
——实现自由才能创造梦想

我们上学被高考绑架，大学被就业绑架，进入职场被业绩绑架，创业被盈利绑架。但是，心灵不能被绑架。

心有所往，终至所归。语写创始人剑飞说：**自由才能创造。**在职业人生的后半段，我要实现自由和创造的梦想，尤其是肯定自己、拥抱自己、做回自己。

心态开放，努力学习，紧跟潮流，保持健康。

时间合伙人

能感动生命的只有生命。

王璐

- 语写百万践行者、空姐
- 小红书博主"会飞的璐璐"
- 好讲师大赛深圳冠军

分娩中的语写,
用文字定格珍贵的每一刻

生孩子不一定是走鬼门关,分娩其实可以让我们女性内在无限的能量迸发出来。

我分娩中运用语写、运动、嗅觉闻香、按摩等方法,让我不仅顺利健康分娩了我的小王子,还让分娩日像婚礼纪念日一样幸福又美满,回看我在分娩中都能创造出美好、创造出生命、创造出感动,人生中还有什么困难我不能克服?

一

1：40，刚刚睡着的时候突然肚皮一紧，我于迷迷糊糊中脑海里面蹦出一句："晚上的时候催产素释放得比较旺盛哦！"于是我瞬间就清醒了，有点慌，但我告诉自己，要先观察一下自己的身体。没有见红也没有破水，于是我抱着每天睡觉夹着的毛绒大鲨鱼来到了客厅观察自己的状态。我旁边放着音乐，让紧张的身体逐渐舒缓下来，宫缩好像又过去了一阵，肚皮有一点点紧但不痛。刚刚是真的痛，痛得我一下子就醒来，感觉到孩子好像在往下面钻。我之所以来客厅，是想一个人在这儿调整，可以更好、更冷静地观察，怕万一搞错影响屋子里老公和孩子睡觉。我就在这儿闭着眼睛语写，描述一下我现在的状态，静候着下一次宫缩。我把音乐的音量调低了一点，依赖听觉逐渐放松。再过10分钟，如果没有什么问题我就去睡觉了，如果还是很痛，就拿出我的精油来让自己从嗅觉上放松。

二

1：45，我已经在第2次宫缩了。我再观察一下，如果还有这样的情况，可能就要去医院了。但今天已经是非常不平凡的一天了，现在我已经在这里吸收能量，让自己准备转换角色了，我的角色将再一次升级，我要当二胎妈妈了。谁也说不准孕期拍的视频哪一次是最后一次，所以每一天都在坚持拍，想到这一点我就能量满满。现在我全程"姨母笑"，对着手机笑，回顾最近的孕期玩得好开心。

感谢孩子，谢谢你，陪着妈妈玩，谢谢你健康地陪着我玩。妈妈感受到了今夜的不同，是你要来到世界上了吗？是你要来到这个美丽的新世界吗？如果是你要来到这个新世界，那么这也太好了，太幸福了吧。妈妈即将跟两个孩子相处了。感谢你在肚子里面健健康康的，陪妈妈做了好多好多的事。

还记得去年 8 月份的一个早上，妈妈去飞航班的时候，突然查到了有你的存在。当时妈妈窃喜，现在妈妈躺在沙发上，当初查到排卵期开心的我，也是躺在这个沙发上面。现在我要听一首歌，感觉好像到早上就能见到你了。

三

1：51，宫缩又来了，痛了大概 15 秒，然后它又走了。宫缩的时间有点短，我现在还觉得纳闷呢，再观察一次宫缩吧。我现在听的是什么音乐呢？听的是莫扎特的小夜曲。有预感今天晚上应该是不眠夜了，现在的我已经很清醒了，看了一下朋友圈，好像下次的宫缩又快来了，肚子又开始疼了。掌握到宫缩的规律性，就会提前做一些预判，宫缩的时候也不紧张，因为我有很多缓解宫缩疼的方法，比如嗅觉闻香、按摩、讲爱的语言鼓励自己。

四

现在一切基本上都按照我的计划发展，刚刚已经破水了。你们可能猜不到我是怎么破水的，我在产房里面跳帕梅拉跳破水的。

因为身体足够放松，我的身体已经全然做好了准备。现在我已经躺在产床上了，已经开到七指，马上我又要迎来一次宫缩了。果然自己才是最了解自己身体的人，今天晚上就觉得自己的身体痛得不正常，幸好有语写，我可以一边语写，一边观察自己当时的状态。太搞笑了，语写陪着我生老二。现在马上又要经历一次宫缩了，我要跟自己说："宫缩是自己的好朋友。"对，宫缩是自己的好朋友，每一次的宫缩都意味着我离宝宝越来越近了，每一次的宫缩都是我的好朋友，它会把宝宝带到我的身边来，宝宝也在和我一起努力。现在已经开到七指到八指了,我需要更放松,释放更多的催产素,让我的宝宝更快、更健康地来到我的身边。

五

早上5：18,助产士已经触碰到他的头了,经产妇果然就是速度更快一些。现在来医院应该有两个小时了,整个过程就是觉得特别有安全感,哎哟,喝点水吧,喝点水。刚刚来到医院,助产室主任在楼下等我,帮我安排好了房间,我们一切都按照流程和计划进行。

所以说做任何事情之前,有计划地去做,能更加容易达到你想要的目标。你可以随机,可是大部分的时候有计划一定比随机会更好。现在我的宫缩越来越密集了,但是时间也越来越短了,我可以跟它和平共处。我刚刚已经吃了巧克力,喝了气泡葡萄汁,哇,太幸福了,如果这个时候有一个幸福西饼的蛋糕就更加幸福了,更加像庆祝婚礼,不过已经很美好了。

我现在躺在病床上,其实应该叫产床,它是陪伴我分娩的"战友",给我支撑和力量。我刚刚还花了25分钟做时间记录。

我的这个时间记录真的很详细了,什么时候"发动",什么时候语写，收拾东西、交通、从家里到医院，还有来医院检查的时间，以及开全指之前的时间和生的时间，第三产程的时间，我都把它详细记录了下来。我觉得这个过程有必要，也很有意义，这可是我人生中难能宝贵的时间呀。

我把我的分娩变成了美好的纪念日。

六

就这样我创造出了一个生命！今天老公发了一条朋友圈，我看哭了。

他说：我的二儿子小糯米出生了，看到他呱呱坠地的那一刻，还是会不禁泪目。瞬间想起佛家的一句话，能感动生命的只有生命，感谢老婆怀孕和分娩的辛苦付出，每一个母亲都自带光环。

大儿子看到弟弟也很高兴，终于实现当哥哥的梦想了。小糯米，这个世界很精彩，欢迎你啊。

真的是**能感动生命的只有生命**。其实我都没有亲眼看到他来到这个世界，因为那一刻子宫收缩还是挺痛的，我好像都没来得及看到老二长什么样子，但是当我听到他啼哭的那一刻，我赶紧拿手机去拍摄这个珍贵的瞬间。听到老二的声音就仿佛被电击了一样，本来没有想哭，可是看到、听到的那一刻，我不禁泪目了。老公全程陪产，他积极地安抚我，给我按摩，用爱的语言鼓励我说："宝贝，每一次宫缩都意味着离我们的宝宝越来越近，老公会陪着你的。"他会帮我拍视频，会帮我按摩，会帮我拿精油闻，会鼓励我，会亲吻我，也会在旁边逗我。和他在一起，我特别地放松，因为足够放松，产程也变得更快。不得不说，有老公陪伴实在是太幸福了，我相信我们两个人的感情会进一步升华。和上一次生孩子不一样，这次我内心更多的是感恩，更多的是感受到他真心对我的关怀，更多的是真心地去表达自己的需求，更加平和了。

七

我自己呢，最开始在产房里还拿着摄像机拍视频，刚开始可能有表现欲，但有些时候身体还是会不受控。

当我觉得有点疼，就转移注意力，比如打拳，找一段跟练的视频，做一些在床上能够跟练的操。我还会主动跟助产士说我能不能换一个体位，去坐瑜伽球，去晃动自己的身体，去闻大自然的精油。每一次宫缩的到来，我都非常好地跟它做配合，这就是不打不痛的好处，你会特别了解自己的身体，你知道自己的身体节奏是什么。当你知道你即将要面对的是什么的时候，就知道用什么样的解决方法去跟它达成共识，或者保持平衡。我不会去对抗宫缩，而是努力去跟它匹配，或者保持平和的关系，成为好朋友。学靠谱的孕育分娩知识实在是太有用了！我当初学习这些知识还在好讲师大赛深圳赛区拿到过冠军，真的是利他又利己。我一边宫缩一边顺应呼吸，一边按摩一边嗅觉闻香。时不时地会去找寻物理的帮助，让自己的感受更好一些，让自己分娩的舒适度更高一些。

因为我了解，宫缩就像"股票"一样，一个峰值会一点点地上去，也会一点点地下来，既然已经知道了节奏，我就不会那么难受。每一次宫缩期间我都会保持平和的状态去接纳、去配合，因为我知道宝宝在努力降临，朝着新世界漫步走来，这是我们彼此的合作。一分钟强烈宫缩过去了之后，我就抓紧时间让自己休息，喝口水、看看视频、玩玩手机、拍拍照、听听音乐、闻闻精油、吃点巧克力，找寻靠谱的方法让自己放松。这就是学习的好处，让我们有了更多的选择权，让我们在生孩子的过程中不以害怕的方式去应对，而是去乐观解决、积极面对。这种能力是不是可以转化到生活中的各个方面呢？

当任何看起来困难的事情来临的时候，害怕有用吗？没有。

当然，害怕完全可以理解，可是如果最终必须要去面对这个问题的话，咱们就要去想办法，要通过学习积累，去输入，也去输出，再去练习，就会得心应手地解决大部分问题。学会之后再去应用，我真的是太佩服我自己了。

八

之前我在网上看到说有人 10 分钟能生一个孩子，我简直不敢相信，我也不知道我生了多久，但是助产士说我真的就生了 10 分钟。我也刚刚看了一下手机拍下的开始用力的视频，也真的就是 10 分钟多几十秒。我太佩服我自己了，我生一胎体验了无痛，这一胎勇敢地选择自然分娩，我想去体会这种自然的感觉，体会这种自然的力量，果然在这种自然力量的引导下，其实你不需要去做什么，你只需要去配合、去放松、去感受。你就会发现，"哇！我们可以将一个生命自然地带到身边来，我们是不是未来也可以更加自然地去看待身边发生的任何事情，不需要那么地刻意"。当你做自己做得足够好，当你掌握了足够多的信息，当你足够平和的时候，一切都会越来越好。今天我还给全家人准备了礼物，当送给老公的时候他很诧异，这个礼物是我之前就准备好的，可是老公一直都不知道。

我也猜到了他不知道，因为这个礼物看起来实在是太不起眼了，里面的内容文字比较精简，可是读出来就感觉老公的声音都发生了变化，他在哽咽。我就在一边笑，我也很开心啊，因为当我去给他爱、给他能量的时候，实际上最开心的是我自己。

希望我跟老公能记住这种感觉，让我们两个人的连接变得更加有力量，手牵手带孩子一起应对未来生活中的挑战，一起享受生活中的快乐。

九

今天是5月12日，就是"我要爱"，一个带着爱来到世界上的人，一定会很幸福吧。希望我的孩子能带着爱去感受这个世界，去感受这个世界的光鲜亮丽、五彩斑斓，你是在爱中出生的孩子。

感谢上天让我拥有一个这么靠谱的老公，感谢上天让我拥有两个这么可爱健康的孩子，感谢上天让我拥有这么多支持我爱我的亲人，还有我的朋友们。当然，也感谢我自己，为了更好的生活状态，不断学习、输出，战胜焦虑，获得一个更好的能量状态。

语写真的是太神奇了，生孩子的时候可以语写，发脾气的时候也可以语写,成长的时候可以语写,写脚本的时候也可以语写。

好的,今天就先这样了,5月12日是一个表达爱的日子,是我再次当妈妈的日子,也是老公再次为我陪产的日子,也是我实现生二胎愿望的日子。

因为有了这些生命,因为有了这些鲜活的人,让我的生命越来越丰富,越来越鲜活。我爱我的今天,爱我的生命,爱我活着的每一天。

——王璐 2022年5月12日

新生命让我的生命变得更加丰富、有能量,孩子不是来让我走鬼门关的,而是鼓励我去接纳问题、找寻办法、解决问题的神奇力量。孩子在茁壮成长,我也愿意和这个小生命一起成长。

时间合伙人

如果一件事情确定要做，现在就是开始的时候。

武小茉

▸ 语写践行者
▸ 拆书帮三级拆书家
▸ 微习惯爱好者

语写的五个收获

为什么要开始语写？

前年我接触到一位教写作的老师,他是程序员出身,通过大量地写,把文章发表到公众号上,开了自己的写作课,搭建了社群,现在已经是自由职业者了。

我也想像他一样能持续去写。通过他的课,我知道写作是一件有复利的事,现在仍旧是一个表达者获得红利的时代。可实际上,我发现我的效率很低,经常2~3个小时才能憋出1000多字。除了写作,我还想做其他的事,所以就想有没有什么方式可以提高写作的效率。

我想到了语写,但是了解到语写的一对一辅导价格很高,我开始有点犹豫了，我真的有必要、有能力投入这么多吗？所以那时的我处于有想法但未曾践行的阶段。

好在我没有等太久，就在公众号上看到了 14 天训练营的开班信息，是剑飞老师用来筛选学生的，还有一对一的咨询，很超值，我果断报名。

记得当时在公司接到剑飞老师的电话，我很忐忑，生怕被退档。

剑飞老师一般会了解一下我们的大概情况，根据我们的情况，给出一些建议。虽然那次咨询的时间不长，但令我印象很深刻。剑飞老师给的建议，可以说是开启了我之后的思维和行为调整。

我是一个大龄未婚女青年，当时还在纠结要不要换工作，有点迷茫和纠结，语写在某种程度上是一种探索和尝试，能做到什么程度，我不太确定。

结果剑飞老师先是问我是不是不婚主义，得到我否定的回答后，他很直接地跟我讲，工作不是我当前的重点，婚姻才是。

当时我听完这个建议，感觉好"扎心"啊，但又不得不承认，剑飞老师说的是对的。什么年龄做什么事，虽然让人觉得不那么喜欢，背后却是有依据的，就像生涯规划里提到的，如果现阶段这个功课没有完成，到下个阶段还要补课。同时也让我想到，如果一件事情确定要做，现在就是开始的时候。

语写的感受

经过训练营的训练,我培养起每天语写 1 万字的习惯,现在还在持续进行。这次的训练营让我学到很多,总结如下:

比起学知识,更重要的是应用

语写训练营跟其他训练营不太一样,主要是侧重实践,也是很好地践行了剑飞老师的理念,做比什么都重要。

榜样和环境都很重要

之前我虽然下载过软件,但不知道如何开始,就没写过几个字。后来我在群里看到小伙伴写完 1 万字用时大概 1 小时,我就知道自己是能完成的,事实也是差不多 1 小时完成 1 万字。

设定目标,去做就行

训练营期间,我们主要训练的是语写的起步,保持每天 1 万字。定好这个目标之后,我开始想写什么?哪些可以写?带着觉察去看生活中发生的事,从小事中成长,积累自己的经验。

训练营期间,我印象比较深刻的是小饼干老师的辅导,对于我们出现的高频词汇,小饼干老师很贴心地给出建议:在想说那个词的时候憋住，慢慢地就减少了。

最早说我说话用很多"就是"的是一个同事，我觉得他在鸡蛋里面挑骨头。就算我一个词说过很多次，又怎样，我并不觉得有什么问题，所以改变更是不可能的。

等到语写的词频一出来，才不得不面对现实，也真的觉得自己需要调整。我出现最多的词汇是"就是""然后""因为""这个""其实"，有意识地控制就能减少，现在整体已经得到很大改善。

后来我又开始纠结要不要辞职，找了很多人去问他们是怎么做决定的，怎么看待自己不那么有优势的工作。其中小饼干老师给了我一个很好的角度：这个工作有没有什么优点呢？

仔细一想，这份工作确实有很多的优点，虽然是销售岗，却没有太多的应酬，周末双休，日常也很少加班，还有一些自主权，比如想做什么事，在一定的范围内是可以自己调配资源的。当然最重要的，对于打工人来说，收入可观，前提是需要自己努力。

经过一系列的跟人聊天及咨询后，我明确了对工作的定位，即使再努力，也只有一份收入，想要让生活变得更好，或者说赚更多的钱，只靠主业是不行的，需要有自己的副业。

语写后的改变

这部分感受是最多的,我想这也是为什么剑飞老师会有那么多"钉子户"学生,因为大部分一直在写的人,都能感受到语写的价值。

积极主动

我整个人发生了潜移默化的改变,最近突然发现我比以前积极主动了一些,体现在去参加活动的时候,以前我是尽量找角落或后排坐,生怕别人看到我。一场活动下来,去时认识几个人,回来后还认识那几个人,不觉得跟他人能产生什么连接。

现在参加活动,我会优先考虑前排位置,因为坐前排听得更认真,离"大咖"更近。然后也会积极响应主办方的招募,扮演更多的角色,让自己的收获更多,更勇敢地做自己。

在活动中,我还会主动去加他人的联系方式,作为一个销售,目前我还没做到加全场,但比之前进步了很多。

心态开放

不管是工作还是生活,我都习惯活在自己的小世界中,不太爱跟人交流。工作中我倾向于公事公办,就事论事,这样就很难跟客户有良好的关系,对于成交其实是不利的,尤其我负责的区域又是以关系型客户为主的。

生活中,我跟家人、异性也很少交流,我常常觉得很累,想要休息,因为我总感觉能量不足,没有耐心,也不愿意花时间交流。

语写一段时间后,我大概感受到了心态的开放,就找了个线上活动去参加,验证我是不是能跟人持续地沟通,我一共参加过2期,20天一期,共40天。我一共聊了4个小伙伴,其中3个都能聊得很好,超额完成了每天的任务。

看到思维模式

在语写的过程中,经常会出现的一个情况是,我说完这句,自己都能感觉出不对。不对的地方在于,我又在说"不行""不能""不是"了。

当我这么想的时候,其实是限制性思维在发挥作用。凡事都有第三种解决方案,我还能做点什么?还能怎么做?把注意力放在自己能做的事情上,"想都是问题,做才是答案"。

语写也让我看到有时候我很想反驳他人是为什么。

因为我想证明自己是对的,但是生活不是考试,哪有那么多对错。当我想证明自己是对的,就是我在以自己为中心了。可以换位思考，他人说的在什么情况下适用，他为什么这么说，希望得到怎样的回应。

记得我以前跟一个爱反驳他人的小伙伴发过一段话，大意是要关注人，人才是最重要的。但是实际上我自己有时也会忘记，借着语写，可以不断地提高自己在这方面的表现。

改善情绪

去年上半年，我找了一个心理咨询师做过一次咨询，初衷是想解决自己在人际关系中的卡点。那次咨询让我印象最深的是，我在人际关系中，竟然是个"受气包"。

这点在日常生活中也会有体现，比如同事找我帮忙，我不太会拒绝；家人对我说教，我只会默默流泪，说不出话来；在外面遇到问题，也憋在心里不说。种种情况说明，我不是没有情绪，只是一直习惯于憋在心里，等它自行消散，但往往我不去处理它，它就会一而再再而三地出现在我的世界中。

情绪是个信号，是一种很好的提醒，不处理并不会让情绪好转，而是在我们看不见的地方积累，直到某一天终于爆发，家人、朋友可能会觉得你莫名其妙，却没有想到是长期积累导致的。

通过语写，我看到自己的情绪，允许情绪的产生，探索背后的原因，思考下次遇到类似情况，如何更好地应对。

情绪不是问题，不解决问题的我才是。

目标达成

之前我是不太爱定目标的人，不是不想定，而是定了目标也完不成，实现不了，所以干脆就不定了。

可是不定目标更不行，就像有句话说，"求其上者得其中，求其中者得其下"，一个连目标都没有的人，那不就是"脚踩西瓜皮，滑到哪儿是哪儿"嘛！

每天语写1万字就是一个目标。要如何完成这个基本目标？要如何写得更多？今天要如何比昨天更快一点？今天要如何比昨天更早一点完成？每天要如何让高频词少出现一点？

这样每天都在思考目标如何完成，每天也都在践行目标的实现。一个把目标达成当作日常练习的人，还能害怕目标完不成而不敢定吗？

所以这也是我最近在做的事，把想要的目标写下来，记录到人生规划里，用语写、时间记录、阅读的App数据做支撑，过自己想要的生活。

> 好的关系一定是相互吸引的。

时间合伙人

颖欣

- ▸ 不走寻常路的国企党务工作者
- ▸ 未来的传记作家
- ▸ 2 岁女孩的妈妈

用心爱一个人,也是一种长期主义

当下关于婚姻和亲密关系,充斥着太多"不婚不育保平安"的言论,可是我想用自己 5 年的感情关系,跟大家分享,**用心爱一个人,也是一种长期主义**,也会让我们看到时间的复利。

2019 年 3 月,我跟现在的先生认识,当时我刚工作 3 年有余,脑子里想的都是怎么升职、赚钱这种特别世俗的事情,即使偶尔会有想要谈恋爱的想法,也极少去想婚姻、家庭,觉得这会成为我的一种羁绊,好像结婚就意味着失去了自由,内心恐惧各种鸡飞狗跳,害怕各种琐碎之事,厌倦各种三姑六婆,总之就是避而不谈。

2019 年 6 月,我的职场生涯有了一个比较大的转变,当时我的压力非常大,工作令我特别不开心,极度痛苦。平日里,我就像祥林嫂一般絮絮叨叨：不想上班，我想辞职。可是当时还是男朋友的先生并没有跟我说，"不想干就辞职，我养你"这样的话。他很清醒地告诉我：你要真不想干可以辞职，但是你可以想一下5年、10年之后自己会不会后悔。在那段还是谈恋爱的时间里，他给我的是默默的支持，我经常忙到吃饭都要带着电脑出去处理工作，可是他没有抱怨也没有打压，更没有信誓旦旦地说他会养我，而是当我饿了给我盛饭，电脑没电了帮我充好，用一点一滴的行动，成就我，让我变成更好的人。

2020年11月，我们举行了婚礼。步入婚姻前，我并没有什么婚前的自我灵魂拷问，不过是感情到位后的水到渠成。结完婚后，我迅速感受到一种极度的焦虑，那种害怕婚姻和家庭会让自己失去自由的想法又冒了出来，我觉得恐惧的背后，更多的是害怕人生失序，害怕无法疏导自己的情绪。于是，我将那些曾经想做却没做的事情，全部罗列了出来。我甚至牺牲跟先生宝贵的周末相处的时间，横跨整个广州去学花艺、上书法课、练瑜伽、学游泳，事情安排得满满当当，让自己没有时间去看清，什么才是自己真正想要的。

2021年，我终于捋顺工作，得心应手，职场不再是我人生前进的拦路虎，而人生的第二个挑战也接踵而来。2022年2月，我们孩子出生了，新手妈妈的各种问题应接不暇，与公婆的相处也矛盾迭起，让我觉得人生好像掉进了一个看不到尽头的深渊。在这个节点，我又像刚结婚那时一样，想要抓住学习的稻草，让自己能够从情绪的烂泥里爬出来。

于是，我找到了语写这根稻草，语写的学费略高，这大概是我曾经各种零散知识付费的花费的总和。我怀着非常忐忑的心情，跟先生商量我想要学习语写这件事，内心准备了一车轱辘话，准备跟他解释语写到底是什么，但是他没有问太多，只是轻描淡写地说，"你想去学习就去，钱的事我来搞定"。

在那一刻，我被触动了，那个在原生家庭里自带的，害怕花钱、做事畏首畏尾的自己，一下子被击碎了。原来，这个世界上，真的有一个人，爱自己仅次于爹妈。

在我践行语写的过程中，他从未问过我，花了那么多钱，学到了什么。日常我需要写作业时，他就帮忙带娃，尽其所能地给我创造能够语写的机会。

2023年6月，我参加语写满一年。那个时候，我已经在语写上得到了很快的成长。

语写是我产假期间的隐形心理咨询师，让我不至于产后抑郁，在我产后半年又帮助我平稳地回到职场。

在这个过程中，如果不是先生的支持，可能自己不会坚定地在语写这条路上越走越远。先生的支持让我能够摆脱以往盲目的知识付费，做到专心花一年的时间跟着一位老师学习，并在第二年又毫不犹豫地进行了续费。

这个时候，我和先生的感情已经走了4年，而我也已经不再是那个情绪一点就着，经常无所适从的自己。我开始慢慢懂得什么叫作"内核稳定"。有语写助力的第一年，我让身上的抱怨、厌恶、嫉妒等情绪有了出口，将这些身上附着的"浑浊"慢慢通过语写清洗，让自己变得清爽。但我知道，还不够。

2024年，我的孩子2岁了，我和先生的感情也走了5年，很庆幸我没有在家庭的一地鸡毛和孩子的哭闹中丢失了自己，反而让自己越活越明白，越过越有力量。

一直以来，我都想要成为一个拥有一技之长，能获得社会认可，在帮助别人、成就自己的过程中，赚到来自社会的真实的掌声，成为一个有价值的人。当我慢慢在爱的滋养和语写的助力过程中变得情绪稳定后，我开始将越来越多的精力投向自己。我发现，是时候去找寻自己的主心骨了，要让自己顶天立地地活着。

因为有我先生无条件的爱，我才可以构建内核稳定的自己，才可以静下心来锻造自己的一技之长，找到生活的主心骨。也是因为有我先生无条件的爱，让我有机会接触语写，看到自己，将自己从各种复杂、难缠的情绪中解救出来，让我有机会一步步靠近理想中的自己。

不可否认，婚姻中会有各种难堪，但任何事物都像硬币一样具有正反面，婚姻的另一面还有一个人对你无条件地信任和支持，以及那种安心和踏实感，这使得婚姻值得我们勇敢地去相信和爱。

今年我做了好几件很有突破性的事情：开启社群分享、加入合伙人项目、重启人物访谈，我的足迹也开始走得越来越远，只要我说想去哪里，如果时间不冲突，我先生都会安排行程陪我去，从来没让我操心过。

回看这些我做到的事，不是因为我自己有多厉害，是因为有爱人的支持和家庭给予的踏实感，让我能够没有感情的内耗，让我能够专注在自己所做的事情上。我的婚姻和家庭不是我的羁绊，反而给了我不断往前走的最大的动力。因为有他们在，让我知道不管经历了什么，只要回家，就有爱的拥抱。让我知道，不管成功与失败，都有最温柔的鼓励。

因为我先生无条件地爱了我 5 年，我才能够有现在的平和、智慧，我想，自己是幸运地享受到感情时间复利的人。

我曾经也是一个心高气傲的人，这也看不惯，那也看不上，在与公婆的相处中也经常剑拔弩张。我总喜欢拿那些自以为了不起的"二手知识"对着我的先生说个不停，但是他始终都是认真地看我"表演"，认真地倾听，从未反驳过我，也从不对我讲的东西"品头论足"。

因为他能看到我张牙舞爪背后的脆弱。我这种耍嘴皮子的厉害，不过是掩饰内心自卑和不安全感的一种方式，不过是"语言上的巨人，行动上的矮子"。

他通过默默倾听，让我的不安全感有了稳稳的落脚点，让我不再用趿屣来假装厉害，让我看见自己的脆弱，不再用一个"强势"的躯壳武装自己。也让我明白，一个真正谦卑、厉害的人，一定是柔和且坚定的。

这一年，我觉得我们都变成了更好的人，也是今年，我无比地确定，往后不管发生什么事，只要不是原则性问题，我都不会放弃这段婚姻关系。

在婚姻的道场里，我明白了什么叫作"一加一大于二"，什么叫作"好的关系是彼此成就"。

在亲密关系里，我们要懂得不断地去调整、校正自己的心，不要被偏爱就有恃无恐，也不要通过无底线地付出来博取好感，因为一方总是付出，另一方总是索取的不平衡关系一定会有破裂的一天，**好的关系一定是相互吸引的。**

当下关于婚姻、关于亲密关系的言论，都充斥着太多的"算计"，恐惧让我们在一段关系里，多了很多的试探，少了真挚的付出。我们都太怕自己受伤害，我们的心坚固到，甚至需要"过关斩将"才能得到爱。

其实这些恐惧我都懂，我自己何曾没有过这些人性的阴暗面。可是，在我的婚姻和家庭里，我真正明白了什么叫作爱，什么叫作无条件的爱。爱，大概是这个世界唯一的救赎。我在婚姻和家庭的滋养下，把自己变成了一个更好的人。

爱一个人，一定不是一场强弱高下的博弈，而是即使一方强大到有权利做更多的选择，但他依旧愿意从一而终，去看到对方，去爱他如他所是，去用最体贴的方式让他成为他自己。

一个好的伴侣，一定是让我们更懂得爱自己的人，一定是能够在日复一日的相处中让我们变得更好的人。我希望我们的故事，可以让大家相信，这个世界上不是所有的婚姻都是虎穴，希望我们都能够坚定地去爱、去相信，去做一个感情的长期主义者，去享受扎实的感情带给自己的时间复利。

语写是让我看向未来的导演。

时间合伙人

政丹

- 乐卡西品牌合伙人
- 民用/商用热水解决方案设计师

自我成长的每日五件套

我叫政丹，从事热水行业8年，大家亲切地叫我水姐，乐卡西热水解决方案优质供应商，互联网+城市合伙人商业模式联合创始人，民用/商用热水解决方案设计师，从事销售12年，通过小小学堂+直播培训带领团队定期给经销商赋能。第二份工作，是我每天24小时中占比最多的身份，所以放在了第一位。

我是位愿意终身成长的单亲妈妈，孩子跟我生活了10年，今年16岁，我是姐姐，是父母的女儿，有弟弟妹妹，家庭是我温暖的港湾。刚过穿一整年红色本命年的36岁的我，更是我自己。首先要感恩与剑飞老师、李海峰老师的相遇，让我有了可以合著的机会。翻看2023年4月10日的记录，当天我给一直非常敬仰的每周陪伴我成长的妈妈成长营梅教练发了一条很长的信息，最后总结出四个字：我想出书！当时我的心情是忐忑不安的，有想法但担心做不到，对自己也完全没信心，毕竟自己是草根出身，没有任何基础。要开始写剑飞老师布置的作业了，写什么呢？我开始在语写里找答案。写工作上多年的品牌运营销售经验？高智商、做得比我成功、优秀的会总结的人已经非常多了，平凡普通的我写出来就有些班门弄斧了，每个在职场中打拼的人都有自己精彩的故事。

到底写什么？语写再次给了我答案——分享每日持续践行的习惯五件套。它使我在生活、工作、关系、性格等多个维度上发生了天翻地覆的变化。可见的变化有：身边的朋友、客户说水姐有女性的温柔了；上台演讲时逻辑感强了；关系相处中情绪稳定了；家庭的亲情陪伴时间记录的客观数据可以看出来有了很大的进步，父母安心，亲子之间建立了强信任感与爱的连接；等等。

自己的成长变化

1. 开始了解自己，与自己自恰，减少内耗。

2. 情绪开始稳定起来，察觉敏感度强了，在职场生活中觉察到就能迅速转换、调整自己。

3. 工作中专注力更强，能够力所能及地做好当下的事情，学会思考用恰当的方法应对，带着解决方案看问题。

4. 发现身边的美好，从最开始早起跑步看到小区里一朵漂亮的花，内心会被触动，到今天时常会感受到身边的人、事、物都有了灵动，让我感受到快乐、幸福。

5. 自律而又自由的生活悄然无息地变化着，看似我还是那个我，但内心开始变得强大而有力量了，从长周期笃定地告诉自己，这五件套我愿意持续5年、10年、一辈子。

6. 自信：从小性格开朗、好强的我，总喜欢逼着自己做得比身边的人好，不太关注自己的真实感受，不断勇猛地向前冲，弦拉得太紧以至于身心处于用力过度的状态，内心却是自卑脆弱的，一击就倒。践行五件套使我在生活、工作中迅速成长，我开始关注从事物的表象之下看本质，从一个个微习惯的养成中开始真正觉得自己是可以的。以前的我非常在意外在的事物：别人对我的看法、环境、新闻、八卦、天气、未来、时事。而内在成长会让我从自己的行为、知识、素养、自身技能、能力、经验、我想要的是什么来进行自我改变。自信的政丹就出现了。

下面开始分享我每日持续践行的五件套，我想通过数据分析一一展示，与其说是分享，不如说是对自我做个复盘，感恩能看到此处的有缘人。

五件套之一：清晨跑步每日 5 千米

2019～2024 年累计跑步 5000 多千米。

从数据上看，2019 年跑了 470 千米，开始是间断性地跑了 3 年，总数据是 251 天跑了 1700 千米，2022 年用了 205 天跑了 1741 千米。用 3 年并不认真也没定目标的随意状态下开始，到养成跑步习惯只因我工作量太大，家庭责任重，需要留出锻炼身体的时间。2022 年发生了什么？此处保密。从随意到开始定目标，从知道要跑步到做到坚持跑步，我的热情慢慢培养起来了。我通常晨跑时，边听书输入知识，边进行跑步过程中肺活量对配速的挑战，跑完后享受大汗淋漓的舒爽，就这样养成了早晨跑步的习惯。2024 年，我每日跑步 5 千米，每月 1～2 次半马，年度一次全马，因为喜欢，所以愿意坚持。

每天锻炼完后我胃口特别好，有所遗憾的是自己 156 厘米的身高，体重是 54 公斤，从标准上来说偏胖，也说明自己还有进步的空间。

五件套之二：语写

2023年4月20日，我正式开始语写，试用了一周App没有认真对待，我还不习惯对着手机自言自语。正式加入会员第一天，3万字用时167分钟；语写347天，累计完成800万字，当日挑战10万字4次，语写马拉松20个，这是数据呈现。语写是五件套中的法宝，对我影响太大了。3月9日，在剑飞老师的复利计划战略峰会上，我主动报名分享了语写带给我的成长和收获。

自恰：学会接纳自己，与自己和解

重新定位自己，从付出者身份中跳出来，看到自己所拥有的，对已发生的过去的事做简单的回忆，看未来，聚焦当下力所能及可以做到的事情。把语写当成每日自我对话的伴侣，看到内在的我真正想要的，只说我要做什么，减少内耗。

情绪开始稳定

我的人际关系开始和谐起来。工作中和上司、合伙人的交流沟通顺畅起来。以前的我像只刺猬，带着强烈的自我观念，希望别人都按照我的节奏来，自傲地接受不了批评，对同事更是没有耐心。不知我是什么时候开始有变化的。语写是我工作中的工具，释放压力、觉察情绪、演讲彩排、方案设计、会议流程、谈话面试等，我都交给了语写，在语写中找出最佳解决方案，形成问题出现后带着多个解决方案来应对的习惯。

思维方式的改变

给予自己积极正向的引导，遇事从多角度分析，立足于自我这个根源。语写是孙悟空手中的金箍棒，让我从不同角色、角度看见自己。开始第一周语写是在小区，我以回忆者的身份进入回忆录，以前遇事总觉得都是别人的问题，命运不公，改变思维方式后，不懂得低头的我泪流满面地给前夫发了一条道歉信息，承认了自己的强势，那时太年轻，性格刚烈，理解包容性不够，希望孩子的青春期成长中能有爸爸助力。通过思维方式的改变，我放下了过去。

人生规划

语写是让我看向未来的导演。

身边人很多都不理解我，包括我的家人也认为工作那么忙，还有家里要照顾，每天花 1～2 小时语写，自己对着手机在讲什么都不知道。当然，这都是刚开始语写时我面对的情景，人生很多事情都要靠自己亲身体会和感受。当你在改变，非常认真地对待每一天，换来的是孩子的督促：今天你语写了吗？老妈，赶紧回房间语写去。我们身处团体生活之中，需要家庭、朋友、同事等各种社交资源和能量加持。

剑飞老师体系有7本书、6个App，其中就有人生规划。从长周期来看我属于加入不到一年的新学员，用书中"未来就是回忆"这句话，我对来浙江宁波的12年做了一次梳理，从我6次搬家，4次买房的经历来看，人不可能做认知之外的事情，我换的小区都是曾经在我脑海里浮现过的，都一一实现了。有了这个事实呈现，多走、多看、多学，成为我立刻要去干的事情。挑战当日10万语写时我会想象自己72岁的状态，每5年的变化，从健康、财富、价值、亲情、爱好等多维度去想象和思考，我到底要成为什么样的人？答案也许在下一本书中会知晓。

坚定信念，创造美好

坚持语写是行动力，是美好生活的创造力。

"想要"跟"一定要"，"想做"跟"马上干"是不一样的力量。今年第一季度马上结束了，时间过得很快。当我接到公司翻倍增长的任务指标时，内心坚信自己能完成，5年的基础工作都已完成，卖产品品牌已没有竞争优势，根据需求（环境、习惯、预算）提供个性化热水解决方案，不断创新迭代才能增强市场竞争力，我相信自己，更相信团队。

五件套之三：正向觉察日记

2023年1月18日，我开始语写，持续到现在已426天，正向觉察日记只能写正向、美好的事情，负面、贬义的词和内容一律不许出现。第一季度练习觉察自己，每天用一句话表述事件，用一个词表达心情，微习惯的培养从最简单的任务开始。第二季度练习看见他人，发现身边人的好，家人、同事、朋友、刚认识的人都可以写下来。第三季度练习感恩觉察，感恩身边的事物。妈妈成长营第四期马上开始了，每周三晚上7：00，梅教练线上给我们上课，写正向觉察日记，培养积极主动的心态是妈妈们每天都会坚持写的作业。我们的变化是从几个字到现在的大篇幅，妈妈们从为孩子担心焦虑到看见自己、改变自己、发现美好，幸福地关注自我内在成长。部分妈妈们开启了人生新篇章——创业之路，开始致力于帮助更多的家庭和孩子。

简简单单的一个习惯的培养，一年多时间的坚持让我明白任何事物都能从正向的一面来看，看见自己、看见他人，我的包容性、格局、自我价值都有了质的提升。

五件套之四：时间记录

2023年4月，我开始用剑飞体系的时间记录App，触动我马上行动开始时间记录的是梅教练的公众号上所写的每月时间复盘，把我惊呆了，连续看了10遍以上，这是真人吗？怎么可以把时间数据分析得如此精准，这需要多长时间来做？怎么将工作、亲情、运动、睡眠、餐饮、娱乐、学习、写作平衡得如此的好？我带着探索的心开始了自己的时间记录。今天的行动一定不是偶然，其实这件事情我想了很多年。如何平衡家庭、工作？如何有独处的时间？如何做时间管理任务清单让工作效率提升？如何在不影响健康的前提下实现财富，自我能力提升？这些一直是困扰我的难题。

我的总结是：因为一直在思考、有需求，当信念足够坚定时就会有资源。

2023年的时间记录中我对自己的评价是：做了，有进步。通过阅读、学习剑飞老师的有关时间记录的书籍，梅教练上课时，自己会主动问些问题。那为什么坚持记录呢？

当我把每天做的事情客观地记录下来时，每个月的数据在悄然发生变化，行为会因记录而改变，例如：陪伴家人的时间，记录第一个月是8小时20分37秒。孩子马上进入初三了，任性的我一如既往地觉得赚钱最重要,所以拿到孩子的考试成绩时可想而知,我崩溃、焦虑,但就是无法改变自己的行为,因为人喜欢在自己擅长的事情上去探索,而逃避很重要的需要关注的点。2024年1月有33小时15分39秒,2月春节特殊不做分析。我的行为发生了变化,孩子被看见,有了陪伴、爱,底层的能量有了,孩子的身心状态都很棒!

第一年让自己习惯做记录,需要调整说明有成长空间,是好事情。我现在在做的是每日分析时间、日日复盘、重塑对时间的重视,我的思维、认知、行为,都有了很大的变化。

2024年,我在朋友圈置顶了时间记录自我成长关键词:平衡、稳定、自恰。

五件套之五:阅读

在我小时候的记忆中,自己是爱阅读的,那时候去趟城里姑妈家,就会把她家里的杂志、报纸带点回来。农村家里灯光太暗,没保护好眼睛,12岁时我成为班里最早佩戴眼镜的学生。不知是自我意识问题还是并没有真正的热爱,抑或是有些客观原因存在,阅读这件事情迟了十多年再次出现在我的生命中。刚开始,我的想法是孩子不喜欢阅读,那我作为家长就以身作则,自己先读起来,读完写篇读后感发给他,写了有 50 篇,后来写的就不怎么发给他了,因为我意识到自我成长不是为了改变别人,而是为了改变自己。

刚开始恢复阅读时,我选择了自己喜欢看的心理学书籍。我是属于看了书中的某个观点觉得好,就会马上在工作中、生活中实践的人,阅读不仅仅给我带来了心灵上的慰藉,也让我在面对生活中不确定的事情时能找到答案。人就是这样,如果坚持一个习惯能让你感受到它带来的好处,你就会自己调整、分配时间去做。在坚持阅读的路上,我相信自己会做得更好。

以上就是我的自我成长每日五件套分享:

每日践行跑步 5 千米。

每日语写 3 万字。

每日正向觉察日记。

每日时间记录。

每日阅读。

与大家共勉,愿我们共同成长,共同进步。

先完成，
后完美。

时间合伙人

钟小娟

- 24 年经验的医院药师
- 亲子教育心理指导师
- 玫琳凯美容顾问

语音写作技能带给我的价值

什么是语音写作？它是剑飞老师开发的一款 App 软件，就是以说话的方式用讯飞输入法转写为文字。我在 2021 年 8 月下载了这个 App，先成了普通会员。普通会员跟高级会员的区别是除了价格不同，服务也不同，高级会员能够得到剑飞老师 1 对 1 的点评服务，从而更迅速地提升自己的写作能力。成为普通会员的那一年，我完全没有做到每天输出 1 万字的行动，但是后来我意识到自己有这方面的需求——学会表达是成为一名讲师所必备的条件之一。面对不善言辞和打字速度慢的自己，我做出了人生中最正确的决定，我于 2022 年 5 月 16 日正式加入剑飞老师的语音写作训练营。

经过这一年多的练习，截至现在，我已经持续语音写作 450

天。每当我发朋友圈记录自己语音写作数据的时候，很多朋友都会问我，我是怎么做到每天坚持1万字的输出？接下来我跟大家分享，持续语音写作带给我的收获。同时我也见证了语音写作的小伙伴们确实在这样的经历中，拿到了自己想要的结果，拥有了语音写作的能力，同时也具备了丰富的实战经验。

表达能力的提升

每天重复做这样一个动作：不断地打开自己的口腔，让自己的嘴巴慢慢变得灵活，让嘴部的肌肉得到锻炼以后，语音写作时就不会那么僵硬，词语也会很顺利地从嘴里蹦出来。原来的我会认为语言的表达来自思维的敏捷度，自从进行了语音写作的练习，才知道嘴巴输出的速度要比思维快得多。我从原来的60分钟语音输出1万字到现在用40分钟完成1万字，我从原来的语速每分钟输出150个字，到现在每分钟输出270个字。对于我而言，有这样的结果，确实有了很大的进步。这跟我每天刻意练习分不开。我从原来表达时语调平平到现在能够跌宕起伏，就是每天坚持做语音写作这一件事情得到的效果。这个效果也是循序渐进的。语音写作不是练习几天就能够看到结果的练习，当你练习到3个月，才会看到一些明显的变化。每天进步一点点,让自己的内心更加笃定,只要坚持做一件事情,不管结果如何,只要目标坚定,持续践行,终究会达成你想要的目标。要始终保持一种信念:**先完成,后完美**。

负面情绪的减少

语音写作是自己跟自己对话与和解的过程,能够把自己内心最真实的感受表达出来,为不开心的事情找到了一个宣泄的出口,宣泄完之后,就可以把负面情绪转化为正能量。记得我在刚开始练习的时候,经常把自己心中的委屈统统表达出来,一边不停地流眼泪,一边不停地进行语音写作。这种感觉能够真正地抵达自己的内心深处,跟自己的情绪拥抱,能够深挖自己不敢直面、害怕面对的事情,和自己有了一个独处、连接的过程。正因为有了这一次次的真实体验,才让自己的内心变得更加祥和与稳定,才可以享受当下松弛的感觉,体会前所未有的轻松自在。也让自己从原来的不自信到自信满满,充满力量感。刚开始我使用语音写作的时候,非常地不自信,甚至一度怀疑自己,真的有那么多话说吗?我一般都是在上下班路上进行语音写作,刚开始练习的时候,毫无章法,说出来的全部都显示出来了,密密麻麻地放在语写记录里,也会出现很多语气词。我后来用回车分段、把嘴巴咬住、憋住的方法来解决以上遇到的问题。

专注力的提升

每天进行语音写作,集中精力去做一件事情,为提升自己的专注力奠定了良好的基础。我在没参加语音写作训练前,做事不会太关注细节,静不下心,做事不够持久,没有连续性。当我成功挑战了两次马拉松语音写作——一天输出10万字,有了这样的体验,以后每天1万字的输出就变得更加容易达成。这也成为我每天能够坚持写作的动力。把目光投射到自己已经做到的部分,悦纳自己的沙池中的金子,同时也接纳自己不完美的一面。有了专注力的提升,做事的效率也同样能够稳步上升,真正体验到自己的价值所在。当我们全力去做一件事情的时候,会体验到心流的状态,在练习期间,我也进入了心流的感觉。在心流或满意状态中,你会感觉不到时间的流逝,你的思绪会不断地涌现,会让自己感受到积极平和、稳定愉悦,整个世界都与你在一起。时间就是金钱,效率就是生命。学会语音写作,提高写作速度,节约写作时间,让写作更高效,生活更从容。

新习惯的养成

　　语音写作是实践,而不是理论。我们运用这套 App,用讯飞输入法的硬件工具,掌握基本的功能,然后在实践中拿到成果。尽管在刚开始练习的阶段,我们在能力上、时间安排上、资源使用上,都不是最高效、最合理的,但随着时间的推移,语音写作会成为我们身上的一种习惯,会给我们提供更多创造性的方案。语音写作在任何时候都可以写,它不受时间、地点、环境的影响。另外,任何年龄段的人都可以写,只要敢于表达自己的想法。从开始学说话的孩子到老年人都可以用语音写作的方法来提高自己的效率,让生活变得更加有迹可循。每次我们做一件事情,就会有新的感受和新的体验。这些感受和体验来自我们创造过程中所获得的信息。语音写作,不需要过滤任何信息,想到哪里就写到哪里,是在脑海中形成自我和谐的一种方式。大脑里面有一个声音是始终存在的,而语音写作的任务就是将大脑里的声音激发出来。有记录才会有发生。养成语音写作的习惯后,我每天都会利用碎片化的时间进行整合,哪怕只有 10 分钟的时间,也可以成为进行语音写作的时间块。当我们利用好时间块做重要的事情，有意识地去消磨碎片时间，为自己的"大事"添砖加瓦，才能让自己的时间管理锦上添花。

综合能力的提升

写作是一个有趣而神奇的过程，在写作中，我会发现很多东西以为自己明白，实际上并不明白；原以为不知道，实际上却知道。尽管在头脑中看不到，但通过嘴巴说出，却表现了出来。当自己有一种奇妙的时间错乱感的时候，往往会出现唤醒文字和阅读在时间维度上的感觉。通过语音写作留下文字是为了打败时间，岁月不饶人，青春易流逝，而文字却能长久留住。

语音写作的方式可以帮助我们先打通思维和文字之间的场景屏障，让自己的思维变成文字。随时表达、想写就写。从某个角度来看，语音写作不是一种写作方式的经验总结，而是一整套的思维表达方式和工具箱。这种技能能够提高自己的思维表达成效率和准确率，实现过去、现在、将来的思想实时记录，全方位地了解自己。现在是知识型和信息碎片化社会，我们要针对知识工作者的实践问题进行重点阐述，边读边学边练是最好的选择。综合能力的提升，让我们可以从思维的创造性、意识性、构建思维体系、兴趣培养等方面进行阐述。这些技巧与其他写作技巧不太一样，更多的是在语音写作训练当中碰到的问题，成为在实践过程中总结的技巧与方法。这些有效的方法，也让语音写作技能可以成为每个人的生活习惯，通过与自我对话，把大脑的思想转换成可以阅读的文字。

语音写作是一种技能，需要我们刻意练习，直至养成自然而然的习惯。虽然很多人都想学，但很多时候努力的效果并不理想，在实践过程中会出现很多问题和困难，但我们依然可以坚定地相信自己能够找到解决方案，从而推进自己改进和成长。我们要记住一句话："**做得不好总比不做好。**"我们使用效率工具、学习提高效率的方法的目的是为了尽可能保持专注，把注意力集中在具有创造价值的事情上。最后，只要我们脚踏实地地通过不断践行语音写作，延长自己的生命长度，增加自己的生命厚度，就可以更好地感悟我们有限的人生。